予測の技術

微分・積分と確率・統計で
ビジネスの未来を読む

内山 力

SB Creative

著者プロフィール

内山 力（うちやま つとむ）

1955年、東京都生まれ。1979年、東京工業大学理学部情報科学科にてトポロジー（位相数学）を専攻。卒業後、日本ビジネスコンサルタント（現日立システムズ）入社。その後、退職してビジネスコンサルタントとして独立。現在、株式会社MCシステム研究所代表取締役。中小企業診断士、システム監査技術者、特種情報処理技術者。

●主な著書
『その場しのぎの会社が、なぜ変わったのか』『確率を知らずに計画を立てるな』『今すぐ仕事に使える「数学」』『課長になれない人の特徴』『「ビジネスの常識」が一冊でわかる本』『会社の数字を科学する』『誰でもできる!マーケティングリサーチ』『「人事マネジメント」の基本』『微分・積分を知らずに経営を語るな』(以上、PHP研究所)、『「数学」を使えるビジネスマンはみな幸福である』(KKベストセラーズ)、『マネジメントは「理系的思考」でうまくいく』(日本能率協会マネジメントセンター)、『マネジャーが知っておきたい経営の常識』『IT活用の基本』『数字を使える営業マンは仕事ができる』『中小企業診断士』(以上、日本経済新聞出版社)、『ファイナンス・イノベーション』『マーケティング・イノベーション』『コーポレート・イノベーション』『「あなたの会社選び」をコンサルティングします』(以上、産業能率大学出版部)、『日本企業、成長戦略のベクトル』、『イノベーションリーダー』『マネジメント3.0』『ビジネスマンの数字活用力向上講座』『ビジネスマンのナレッジ』『組織を変革する手順』『経営コンサルティングの基本』『コンサルタント論』『マネジャーのためのケーススタディブック』『まわりから「仕事ができるね」と言われたい』『企業の見方』『コンサルティングセオリー』『ソリューションビジネスのセオリー』『ビジネスリーダーのセオリー』『人材育成のセオリー』『計数分析のセオリー』『セールスのセオリー』『会社のナレッジ』『経理のナレッジ』『マーケティングのナレッジ』『ITのナレッジ』『生産のナレッジ』『流通のナレッジ』『法律のナレッジ』『経済のナレッジ』(以上、同友館)、他多数。

本文デザイン・アートディレクション：クニメディア株式会社
校正：曽根信寿

プロローグ
「未来が霧の中」という病気

　突然ですが、あなたには次のような症状がありませんか？　該当するものにチェックを入れてみてください。

☐ 上司から無理な目標を押し付けられ、ストレスがたまったことがある
☐ 仕事の時間見積がうまくできず、納期遅延を起こし、叱られたことがある
☐ 「顧客のニーズをとらえろ」といわれたが、どうやってよいかわからず悩んだことがある
☐ 販売計画、生産計画、在庫計画などの「計画を立てろ」といわれたが、どうやって作ってよいかわからず悩んだことがある
☐ ライバル企業が次に打つ手が読めず、負けてしまい、「相手の手がわかっていれば勝っていたのに」と悔やんだことがある
☐ 仕事でトラブルが起きてパニック状態となってしまったことがある
☐ 「昨日や今日ばかり見つめず、もっと明るい未来を夢見て行動しろ」といわれたことがある

□ 数字を使って人を説得するのは苦手な方だ
□ 重回帰分析、相関分析、微分・積分という言葉を聞くと「難しい」と思ってしまう
□ 10年先の自分がどういう仕事をやっているのか不安になったことがある

　当てはまるものが3つ以上あった人は**FFシンドローム**です。FFとは「Future in Fog」の略で、「未来が霧の中」という意味です。FFシンドロームは「未来が読めない症候群」です。

　上の症状チェックで当てはまるものが1～2個だった人はFF予備軍です。もし5個以上であれば重度のFF病です。

　「未来を読む」というのは人間だけが持っている基本的な能力です。この力は本来すべての人が持っているのですが、FFシンドロームの人はそれが潜在化しています。

　FFシンドロームにはどう対処すればよいのでしょうか？　それは単純なことです。隠れてしまった力を引き出すために、自らで未来を読むことにチャレンジするのです。ただ、自己流で未来を読んでも、逆に病状は悪化してしまいます。**きちんとした「未来の読み方」を教わって、プロの指導の下に実際に未来を読んでみる**ことが大切です。

　本書はこのFFシンドローム改善のために、プロが書い

た指導書です。だから、もし今、書店で立ち読みをしていて、先の症状チェックでFFシンドロームだと思った人は、すぐに本書を買って指導を受けてください。あなたがチェックした症状はきれいに改善できるはずです。

　ただ、もし先の症状が1つも当てはまらないなら、本書を読んでも何も効きませんので、本書を閉じて本棚に戻してください。

　現代のビジネスパーソンにとって「未来を読む」というテクニックはさまざまな仕事のストレスをとり除いてくれます。もし本書を最後まで読み終わったら、FFシンドロームのあなたはきっとこう思うはずです。

　「何でこんなことを知らないで、今まで仕事をしてきたんだろう。もっと早く知っていれば悩むことはなかったのに」

●予言は結果がすべて、予測はやり方がすべて

　昔から人類は「未来を読む」ことにチャレンジしてきました。そして多くの人たちが未来を当てたり、はずしたりしていく中で、議論を重ね、2つのタイプに分かれていきました。

　1つは"直感"を大切にするタイプです。何の根拠もなく、研ぎ澄まされたカンで未来を当てるものです。これが予言とよばれるものです。

　予言には「未来を読んだ結果」しかありません。したが

って「なぜそういう未来になるのか」は説明できません。この予言という結果を、まわりの人に信じてもらうポイントはたった1つ、「これまでの予言が当たった」と言い張るしかありません。これがいわゆる予言者です。

　ビジネスの世界でも意外に予言を信じている人が多いことに驚かされます。だから「10年後の日本はこうなる」なんて本が売れたりします。でも10年後、それを検証した人に会ったことがありません。

　予言者以外の普通の人が、予言で未来を読もうとすると、まわりの人がその予言を信じてくれずストレスがたまってしまいます。

　ビジネスの世界で、予言者以外にこの予言アプローチを使えるのは組織のトップだけです。自らが予言した未来について、まわりの合意を得る必要がない人です。「私はこれまで未来を当ててきた。君たちは私を信じて、黙ってついて来なさい」

　この予言は本書の対象外です。したがって未来に関する自らのカンを研ぎ澄まそうとする人は、この本から得るものは何もありません。

　もう1つの「未来を読むタイプ」は、「過去」をベースとして、「何らかのやり方」で「未来を読む」ものです。これが本書のタイトル予測です。予測で大切なことは「未来を当てること」ではありません。自分が読んだ「未来」について「まわりに合意してもらうこと」です。「未来を

読んだ結果が当たるかどうか」なんて議論しても無駄です。そんなことは神様にしかわかりません（予言者にもわかりません）。そして当たるかどうかを話しているうちに、いつの間にか予言アプローチになっていきます。「誰のカンが鋭いか」（あるいは「誰の声が大きいか」）です。

　予測が予言と違うところは、予測には「やり方」があることです。つまり「どうやって未来を予測するか、したか」です。この「やり方」をまわりの人と合意できれば「当たるかどうか」という議論は不要です。「やり方」さえ決まれば、予測の結果は1つになるからです。

●まわりの人がぐうの音も出ない予測のやり方

　ではどういう「やり方」ならまわりの人と合意できるのでしょうか？

　それはまわりの人が「ぐうの音も出ないやり方」です。まわりの人が「こういうやり方の方がいいんじゃないの」という代替案が絶対に出せない「やり方」です。

　そんな「ぐうの音も出ないやり方」を一生かけて考えた人たちがたくさんいます。それが数学者とよばれる人たちです。彼らはこの「やり方」だけを議論して（「当たるかどうか」ではなく）、まわりが「まいった」というまで続けて、結論を出しました。それがこの本に書いてある「予測のやり方」です。私は数学者ではありませんので、もちろん私が考えたやり方ではありません。

　本書に書いてある「予測のやり方」は、天才数学者た

ちが我々凡人たちが誰でも使えるように、そして誰もがそのやり方をまわりに説明して「まいった」といわせられるように考えたものです。だからすっきりしていて使うのは簡単なものです。

　数学者たちはまわりからの反論(こういうやり方の方がいいのでは)をすべて抑えるのに苦労してきました。そのため「やり方」は簡単なのですが、「なぜこれがベストなのか(これを証明といいます)」をキレの良い数式を使って解いていきました。ただあまりにもキレが良すぎて、凡人にはこの数式が「難しい」と感じてしまいます。

　しかし一般ビジネスパーソンはそんな難しい数式を使った証明(＝反論を抑え込むこと)をする必要がありません。もうすでに人類はこのやり方に合意しているのですから、反論など出るはずもありません。というより天才数学者たちの考えた「やり方」よりもっと良い「やり方」が一般人に思いつくはずもありません。

　もしまわりから反論があれば、それはたった1つ、「その予測は当たるのか」です。つまり予言的アプローチです。これにはこう答えましょう。

　「当たるかどうかは神様しかわからない。しかし今のところ人類はこのやり方しか思いついていない。他に良いやり方があったら教えてほしい」

　あなたはただ人類の知恵といえる「すっきりした予測のやり方」を理解し、それをストレートに使うだけです。これでFFシンドロームが治るだけでなく、まわりの人か

ら「何か仕事の感じが変わったね」といわれると思います。

●計算はエクセルがやってくれる

予測はそのやり方さえ理解できれば、誰にでも簡単にできます。たしかに予測は数字を扱うので、その数字をややこしい"式"にあてはめて計算しなくてはなりません。しかし大切なことは「予測式」を覚えることではありません。というより、覚えようとしても複雑すぎて一般人には覚えられるわけがありません（学生時代、この式を覚えられなくて数学が嫌いになった人も多いと思います）。大切なのは"式"ではなく、その意味を理解することです。意味を理解していないと、予測の結果としての"未来の数字"を、まわりの人に説明することができません。

理解さえすれば、この式を使った計算自体は、エクセルというビジネスツールが"すべて"やってくれます。エクセルという万人向けのビジネスツールに「予測のやり方」が入っているということは、それを人類が合意したことの証です。だからこう思ってください。

「本書に書かれているより、良いやり方はない」

●エクセルで体験！ Webサイトでもサポート

もう1つ予測において大切なことは、実際に自分でやってみることです。やってみて「自分でもできる」という自信を持つことです。

FFシンドロームの治療薬は「理解」「体験」であり、そ

の効能は「自信」です。

　本書ではビジネスでよく見られるシーンをケースとして数多く挙げています。このケースを読み、こんな時自分ならどうするかを考えてから、その後に書いてある「予測のやり方」を学んでください。そして自分でそれを体験してください。

　この予測の体験にはエクセルが必要です。ケースの後に書いてある解決策を理解したら、それを自分でエクセルを使ってやってみてください。ただ本書を電車の中などで読んでいてパソコンが手元にない時は、その部分を読み飛ばして次へ行ってください。そしてパソコンが手元にある時に、その部分を復習するようにしてください。そのため本書はエクセルの手順という形でこの部分を別記しています。この手順に書いてある通りやってください。というよりも、あなたが理解したやり方をエクセルに指示してやらせてみてください。

　またエクセルの手順については、以下のWebサイトでもサポートします。

　　　http://www.sbcr.jp/tokuten/future/

　このWebサイトでは、本書のケースにあるエクセルのデータがダウンロードできるだけでなく、実際のエクセル操作を「動画」で見ることができます。これまでエクセルをあまり使ってこなかった人でも、このWebサイトの動

画を見れば、すぐに使えるようになると思います。

　そしてこの体験を通して「自分でもできる」という自信を持ってください。この自信があなたの仕事を変えてくれるはずです。

●5つのビジネスプロセスと3つのアプローチ

　本書のもう1つの特徴は「ここに書いてある予測のやり方は、私のやっている仕事には使えないのでは？」という不安を取り払ってくれることです。

　予測というテクニックは、ビジネスにおけるあらゆる仕事に適用できます。予測は「未来を読む」ことです。未来を読む必要のない仕事なんてありません。

　そのことをわかってもらうために、商品開発→生産→販売→顧客管理→ライバル対応という典型的な5つのビジネスプロセスごとに予測のやり方を書いています。これは決して、「商品開発をやっている人」は「その章だけを読んでほしい」というわけではありません。

　予測のやり方はどの仕事にも共通しています。これがあらゆる仕事に使えることをわかってもらうために、できるだけ幅広く仕事のシーンを設定しました。

　本書はこの「共通した予測のやり方」を、3つのパターンに分類しています。確率を使うもの（確率アプローチと名付けています）、統計を使うもの（統計アプローチ）、微分・積分を使うもの（微積アプローチ）です。

　予測のための3つの矢です。この3つの矢はすべての

仕事に万能です。

　さらには「予測のやり方」について、「もっともっと深く」を目指して、3つの矢に加えて5つの上級アプローチをプラスアルファという形で章末に書いてあります。指数アプローチ、対数アプローチ、ベクトルアプローチ、数列アプローチ、リスクアプローチです。ここもしっかり読んでください。そうすれば本線の3つの矢がより強力なツールになるはずです。

●ついでに数学アレルギーをとる

　本書はFFシンドロームの原因となっているもう1つのものを改善します。それは数学アレルギーです。数学に苦手意識を持っているビジネスパーソンが多いのには驚かされます。数学という学問は、きちんと理論立てて整理されており、もっともわかりやすいものです。そしてすべての学問の基盤となっているものです。それは数学が極めて汎用性が高いからです。だから「仕事」という分野にも数学は活用することができます。

　数学は算数とは違います。算数は式を覚えてそこに数字を入れるものです。一方、数学はゼロベースでスタートし（そもそも数字とは何か……）、1つ1つの理論を積み重ね、まわりの人が納得するように（これが先ほどの「証明」）数学者たちが積み上げていったものです。

　しかし学校でこれを教える多くの数学教師が、手を抜いて「数学」を「算数」としてしまいました。「式を覚え

させて、それに数字を入れて計算できるかをテストする」というものです。そしてこのテストは○×がはっきり付くので、記憶力が悪い人はびっくりするくらいの低い点数をとって、数学を嫌いになってしまいました。そして確率、統計、微分・積分、指数、対数、ベクトル、数列と聞くと「これまでちっともわからなかった」「難しい」とアレルギー反応を起こしてしまいます。

　本書の3つの矢である確率、統計、微分・積分をはじめとする数学は、実は極めて"わかりやすい"テクニックです。

　私もがんばって本書をわかりやすく書いたつもりですので、数学アレルギーを持っている人も「必ずわかる」と思って最後まで読んでください。本書を読み終わった頃には数学アレルギーもとれているはずです。そして時間があれば中学や高校の数学の教科書を読んでみてください。スイスイと頭に入ってくると思います。そしてこれがどれほどビジネスに使われているかを実感できるはずです。

　数学はいつの間にかビジネスのインフラになっているのです。それに気づけばあなたはもうビジネスエリートです。

予測の技術

微分・積分と確率・統計でビジネスの未来を読む

CONTENTS

プロローグ 「未来が霧の中」という病気 ……3
- 予言は結果がすべて、予測はやり方がすべて ……5
- まわりの人がぐうの音も出ない予測のやり方 ……7
- 計算はエクセルがやってくれる ……9
- エクセルで体験! Webサイトでもサポート ……9
- 5つのビジネスプロセスと3つのアプローチ ……11
- ついでに数学アレルギーをとる ……12

序章 予測チャレンジへの3つの矢 ……17
- 確率アプローチは出来事に着目 ……18
- 「過去と未来は同じ」と考える ……19
- ブレを感じる ……20
- 微分は「瞬間の伸び」 ……22
- 積分は面積でパフォーマンスを出す ……26

第1章 商品開発の未来を読む ……31
- ヒットは「百三つ」 ……32
- 簡単なケースから考えるのが基本の基本 ……33
- 百三つで、1つもヒットが出ないことは「普通はない」 ……35
- 下手な鉄砲でも数撃ちゃ当たるのか? ……36
- 期待値は未来の値 ……39
- 百三つ商品開発ではホームランを狙う ……40
- まだ出店していないレストランの未来を読む ……42
- 店舗面積と売上の関係をひも解く ……44
- 線だけでなく式もエクセルに頼む ……47
- 回帰分析をしっかり定義しよう ……49
- さまざまな要因で売上は決まる ……50
- 商品ライフサイクルカーブを微分する ……54
- いつ開発商品をマーケットに投入するか ……56
- 商品ライフサイクルカーブを積分する ……58
- 一気にバラマク ……59
- プラスアルファ〜その① 指数アプローチ ……62

サイエンス・アイ新書

第2章 生産の未来を読む … 69

- 不良品はどこから入ってきたのか … 70
- ベイズさんが考えた確率 … 71
- 数学っぽい説明 … 73
- 迷惑メール対策にも使われている … 74
- 原価見積が受注生産のテーマ … 75
- フェアな工数を求めたい … 76
- 何が工数に影響を与えるのか … 78
- 相関係数を設計する … 79
- 相関係数で説明変数を選ぶ … 83
- まずは積分の準備 … 85
- 山形曲線で考える … 91
- エクセルで積分して確率を出す … 93
- 「いくつ作るか」に積分アプローチ … 95
- 積分で生産量を決める … 98
- コンスタントを求めて生産量を落とす … 101
- プラスアルファ〜その② 対数アプローチ … 104

第3章 販売の未来を読む … 107

- 何とか自分の考えを数字で証明したい … 108
- 検定は逆から攻める … 111
- 検定という必殺技で相手を説得 … 112
- どのあたりで実験をやめるか … 114
- 合意できる販売目標を決めたい … 118
- 直線で明日を読む … 120
- 曲線で明日を読む … 123
- 予算はノルマでなく予測 … 127
- 限界利益は利益を微分すること … 128
- 利益を販売台数に変える … 130
- 利益を売上に変える … 131
- トップダウンとボトムアップをマッチングするのが予算 … 132

SB Creative

CONTENTS

予算のバリエーション ……………………… 134
プラスアルファ～その③ ベクトルアプローチ … 136

第4章 顧客の未来を読む ………………… 141
顧客はどれくらい待っているのか ………… 142
コンビニのレジで考える …………………… 143
レジをもう1台あけるとどうなるか ……… 146
さあオペレーターを何人にするかを決めよう … 149
ポテンシャルバイさえわかれば …………… 151
ポテンシャルバイを重回帰する …………… 152
定性データだって数字にする ……………… 155
顧客満足度（CS）の未来を読みたい ……… 159
CSの積分の変化をとらえる ………………… 162
プラスアルファ～その④ 数列アプローチ ……… 166

第5章 ライバルの未来を読む ………… 171
ブランド力が戦いの勝敗を決める ………… 172
マルコフさんの考えたチェーン …………… 173
シェアをシミュレーションして考える …… 173
勝つ確率が $\frac{1}{2}$ でも、結果は…… ……… 176
金持ちはケンカに勝てる …………………… 179
ライバルの打つ手を読む …………………… 181
ゲームを変える ……………………………… 184
囚人のジレンマ ……………………………… 185
協力ゲーム …………………………………… 188
戦争の激しさ ………………………………… 189
最大値と最小値 ……………………………… 191
戦わないで自らを見つめる ………………… 192
プラスアルファ～その⑤ リスクアプローチ …… 197

エピローグ ……………………………………… 201

エクセルの手順 ………………………………… 203

注：本書で解説している内容はエクセル2016で確認しています。

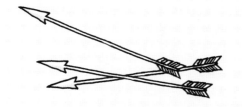

序章
予測チャレンジへの3つの矢

　本編に入る前に、予測の3つの矢をここでさらっと理解してしまいましょう。確率アプローチは「過去の出来事」から、統計アプローチは「過去の数字」から、微積アプローチは「過去のトレンド」から未来を読むものです。

　この3つの矢の意味がわかったら、次章からビジネスの各プロセスでそれが「どう使えるか」を肌で感じていきましょう。

■ 確率アプローチは出来事に着目

　予測技術の1番目の矢は**確率アプローチ**です。これは「過去の出来事」に着目して「未来を読む」やり方です。この確率アプローチは3つの矢の中でもっとも理解しやすいツールです。

　確率とは「ある出来事が未来に起きる"率"」です。この率を0から1（パーセントなら100％）という数字で表すものです。0は「絶対に起きない」、1は「絶対に起きる」です。

　確率は極めて直感的で、日常生活でもよく使われています。

　「10本のくじのうち"当たり"が1本入っている。このくじを1本引いて、それが"当たり"となる確率は？」

　わかりますよね。$\frac{1}{10}$（10％）です。これから先も分数は使わせてください。

　もう少し確率で遊んでみましょう。では「"当たり"でない（＝ハズレ）確率は？」

　これは1から$\frac{1}{10}$（"当たり"の確率）を引けばよいのもわかりますよね。$\frac{9}{10}$です（10本のうち9本がハズレです）。

　つまりある出来事が"起きない確率"は「1から"起きる確率"を引けばよい」ことになります。

　このくじ箱（10本のうち1本"当たり"）が2つあって、それぞれの箱から1本ずつくじを引くとします。ここで両方"当たり"となる確率は？

　これもわかりますよね。$\frac{1}{10} \times \frac{1}{10} = \frac{1}{100}$（1％）です。

　2つの出来事が「同時に起きる確率」は「かけ算」です。

　この引き算とかけ算に合意できれば確率アプローチの準備完了です（ここまでの所は中学生の時にやったはずです）。

■「過去と未来は同じ」と考える

2番目の矢は統計アプローチです。これは「過去の数字」に着目して「未来を読む」やり方です。そもそも「統計」とは「"あるもの"を一部調べることで、"全体像"をとらえる」というテクニックです。この"あるもの"をサンプル、"全体像"を母集団と表現します。

よく新聞に書いてある世論調査などがこの典型です。「首相の支持率」を知りたい時、特定の人（サンプル）だけに調査して、支持率が30％だったのなら、日本全体（母集団）が「30％の支持率」と考えようというものです。

この統計という考え方を、予測に使うのが統計アプローチです。「サンプル」を「過去」として、「母集団」を「過去＋未来」とします。こうして「過去の数字」から「未来の数字」を予測します。「過去も未来も基本的には同じ」ということがベースです。

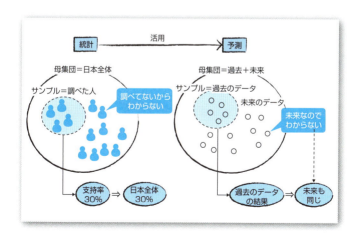

■ ブレを感じる

あるXという書類を作るのに、これまで12時間、8時間、11時間、9時間かかっていたとします(これが「過去」)。ここでX書類を上司から依頼されて「何時間かかるか?」(これが「未来」)と聞かれたら、何と答えましょうか?

ぱっと思いつくのが、小学校の算数でやった平均でしょう。(12 + 8 + 11 + 9) ÷ 4 = 10で平均10時間です。これが「過去と未来を同じと考える」ということです。

しかし「10時間でできます」と上司に答えると、過去12時間、11時間とかかっていることがあるので、未来も2回に1回(確率$\frac{1}{2}$)は遅れることになりそうです。

どうしましょうか?

この12、8、11、9という数字にはブレがあるのがわかるでしょうか? このブレを「平均からの差」で表現します。つまり「12時間は平均の10時間から2時間の"ブレ"がある」ということです。このブレの数字を偏差といいます。この偏差(上では2、2、1、1)を"平均"したものを、標準偏差といいます。ただしこの"平均"は「4つの数字を足して4で割る」というのではなく、"少しややこしいやり方"で計算します。それは「偏差を2乗してその平均をとり、その平方根(63ページ)をとる」というものです。

なぜこんなことをしているのかというと、「人間の感じるブレ」と「こうやって計算した標準偏差」が感覚的にぴったり合うからです。このブレの計算方法は全人類が合意しているので、あなたも合意してください。合意さえしてくれれば、後はエクセルが計算してくれます。

序章　予測チャレンジへの3つの矢

エクセルの手順0-1「標準偏差」

① fx（関数のこと）をクリック（「関数」を使う時は常にこれをクリックするので、以下の手順では省略）
②「関数の検索」の欄に「標準偏差」と入れて「STDEV.P」という関数を選ぶ（ちなみに「平均」を出す時は「AVERAGE」）
③対象の数値（先の例なら12、8、11、9）を指定

　エクセルに「1.581……」と出ると思います。つまり標準偏差は四捨五入して「1.6」です。
　ここでYという書類の作成時間が6時間、14時間、15時間、5時間だったとします。平均は同じく10時間ですが、先ほどよりも大きくブレている感じがわかると思います。この標準偏差をエクセルで計算すると4.5となります。YのブレはXの約3倍です。「6、14、15、5」は「12、8、11、9」に比べ、ブレが3倍。あなたの感覚に合っていますか？

　先ほどの上司への答えは次の通りです。
　「Xの作成時間は平均10時間ですが、ブレが平均2時間弱あります」
　これで統計アプローチの準備完了です。

■ 微分は「瞬間の伸び」

3番目の矢は数学の頂点ともいえる微分・積分を使ったアプローチです。これは「過去のトレンド」に着目して「未来を読む」やり方です。「微分・積分」と聞くと、難しそうで「鳥肌が立つ」という人もいるかもしれません。それは難しい数式が並んでいることをイメージしてしまうからだと思います。微分・積分という考え方は、天才数学者たちが考えた、なかなかユニークな発想です。

微分とは「どんどん小さく」(微)「分ける」(分)という意味です。小さく切ってみるとトレンドがわかるということです。積分は「分けたもの」(分)を「積み上げる」(積)という意味です。小さく切った「分」をつなげていくと明日の姿がわかるということです。

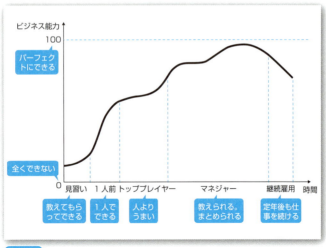

図表0-1

まずは微分からやっつけましょう。ある会社では人材育成のために、標準的なビジネス能力の成長カーブを図表0-1のように想定しています。つまり「入社してから退職するまで、年とともにビジネス能力がどう変化していくか」というカーブです。ここではビジネス能力を「全くできない状態を0」、「パーフェクトにできる状態を100」と考えています。

ここで10年目あたりをズームアップして、「10年目の時点でビジネス能力がどれくらい成長しているか」を考えてみましょう。

図表0-2のように、10年目から13年目で仕事能力が30から39へ9だけアップしています。

「伸び」という数字を考えてみます。「伸び」とは「横軸（ここでは時間）が1つ進むと縦軸がいくつ上がるか（下がればマイナス）」というものです。

ここでは横軸が3つ進んで縦軸が9上がっていますので、「伸

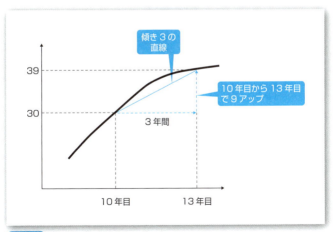

図表0-2

び」は9÷3＝3です。

　この「伸び」は図表0-2の直線の「傾き」を表しています。この「3」を「10年目時点の伸び（成長度合）」と考えてよいでしょうか？

　何だか少し「伸び」が小さいように思います。10年目あたりではもっと伸びている感じがします。

　そこで10年目から11年目で考えてみます。再度ズームアップします。

　図表0-3は1年間で「4」上がっていますので「伸び」（＝直線の傾き）は4です。ただこれでも10年目としては少し小さいような気がします。

　これを10年目から10.5年目（10年と6か月）、10年目から10年1か月と、どんどん間隔を小さくしていくと（10年目に近づ

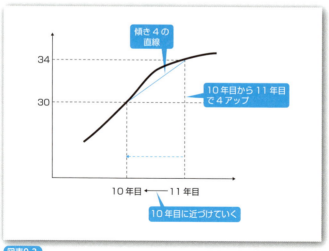

図表0-3

けていくと)、10年目に接する直線が見えてきます。中学校でやった「接線」です(図表0-4)。

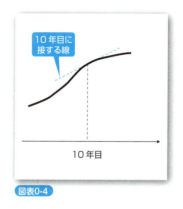

図表0-4

この接線の「傾き」が「10年目ちょうどの伸び」にぴったりの感じです。この10年目の「伸び」のことを10年目の微分係数といいます。

先ほど述べたように、微分とは「どんどん小さく切る」という意味です。「10年目から11年目」→「10年目から10.5年目」→「10年目から10年1か月目」……「10年目ちょうど」と、限りなく小さく切っているのがわかると思います。この、小さく切って、その瞬間での「傾き」(＝伸び)を計算していくことを微分といいます。つまりすべての瞬間について微分係数を計算していくことです。もっと数学っぽい言葉でいえば「ビジネス能力を時間で微分する」となります。

この微分係数＝「伸び」＝「直線の傾き」こそが成長度であり、これで各瞬間の成長度が予測できます。この成長度を予測し、

その通り成長していない時は教育などを実施していくのが、「人材育成」という日本企業が大切にしてきた仕事です。

■ 積分は面積でパフォーマンスを出す

さあ次は積分です。積分とは「小さく切った"分"をつなげていくこと」を意味します。これは「面積を出す」ことと同じです。

先ほどの能力カーブの10年目から13年目のグラフを使いましょう。下の青い部分の面積を出すことを「ビジネス能力を10年目から13年目まで積分する」といいます。

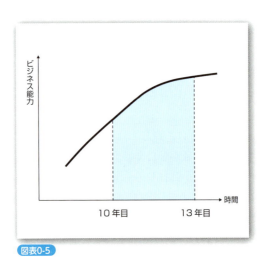

図表0-5

ではどうやって面積を出しましょうか？

ここでも10年目あたりをズームアップして考えてみましょう（図表0-6）。

序章　予測チャレンジへの3つの矢

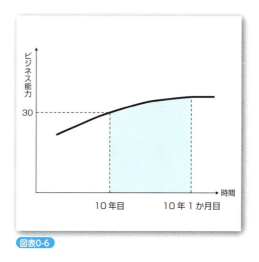

図表0-6

この青い部分の面積はどうやって計算しますか？

ほぼ「長方形」と考えれば面積は「縦×横」ですので、ビジネス能力（30）×時間（1か月）です。ただ10年目と10年1か月目の高さが違う（10年目の方が低い）のが少し気になります。そこでこれをもっと幅を小さく切っていきましょう。1か月→1日→1時間……。すると「線」のように（これが分）なります。こうなると横幅が小さいので高さの差が気にならなくなります。この"線"の面積を全部足していけば、先ほどの10年目〜13年目の面積を計算することができます（図表0-7）。

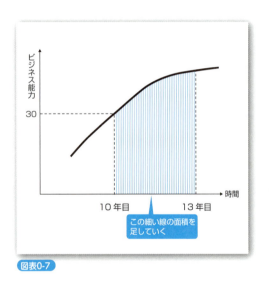

図表0-7

　これが積分です。小さく切ったもの（＝分）を積み上げていく（＝積）ことです。
　ではこの面積は何を意味しているのでしょうか？
　この面積の出し方は「ビジネス能力×時間」（縦×横）でした。

これはビジネス能力が時間とともにアウトプットしたもの、つまり「組織への貢献度」（＝パフォーマンス）です。図表0-7の面積は10年目から13年目の3年間の貢献度です。要するに「ビジネス能力を時間で積分すると貢献度になる」ということです。

この会社は貢献度に応じて給与を支払うように考えています。そうなるとこの10年目から13年目の面積は、その期間の給与と考えることもできます。だから入社してから退職するまでビジネス能力を時間で積分すれば生涯年収となります。そう考えれば各従業員が自らのビジネス能力を上げれば、給与が上がっていくのがわかります。これが現代企業のキーワード「能力主義」です。

このあたりはあまり直感的ではないかもしれませんが、本書をこれから読み進めて、追い追い理解していってください。ここでは積分の計算方法は「線（分）を足していって面積を出すこと」と理解しておいてください。

微分はあるもののトレンドを出すもの、積分はそのトレンドがもたらすパフォーマンスを出すものです。これさえわかれば微積アプローチも準備完了です。

第1章
商品開発の未来を読む

　自社で商品を開発し、販売している企業にとって、商品開発はもっとも大切な仕事であり、命綱ともいえます。この後で述べていく生産、販売、マーケティングなどすべての仕事の最上流(出発点)となるものです。

　この商品開発という分野はクリエイティブな世界であり、創造性の高い、直感力のある人が担当することが一般的です。そのため予測よりも予言が横行しがちです。「私のカンによればこの商品は売れる」といったものです。

　この予言が主流の「商品開発」という仕事に、予測のメスを入れてみましょう。

■ ヒットは「百三つ」

　商品開発という仕事では、「その新商品が売れるか、売れないか」ということが最大の関心事です。いくらピカピカの新商品（業界用語では「ピカ新」といいます）を開発したとしても、誰かの「そんなもの売れないだろう」の一言で世に出ることもなくなります。また「売れる」と思って出しても、売れなければ大損となってダメージを受けることになります。

　このダメージは「売れなくて損をした」という直接的なものだけでなく、組織にもっと大きなマイナスをもたらします。それは「新商品を出しても売れない」というトラウマのようなものを残してしまうことです。こうして次第に商品開発という仕事自体をやらないようになります。これこそが現代企業の最大の悩み――老化現象です。

　商品開発においては「どんな新商品を開発するか」ということももちろん大切ですが、「商品を開発した後、それがどうなるか」という「未来を読むこと」がキーポイントになります。

　ここに予測というテクニックが生きます。

　まずは予測の第1の矢、確率アプローチを使って商品開発の未来を読みましょう。

　私（いうのを忘れましたが、私はビジネスコンサルタントです）のクライアント企業に、新商品を次から次へと出していくメーカーがあります。新商品を出し、それがたまにヒットすると販売を続け、売れないと販売をすぐに停止して次の新商品を出します。私はこれを「百三つ商品開発」（100出して3つ当たればOK）とよんでいます。この会社は97個もはずれてがっくりして

いるのかというと、そんなことはなく、3つのヒット商品に喜びを感じています。だからすごく元気です。それは商品開発の未来を初めから「百三つ」と読んでいるからです。

このヒット商品の確率について考えてみましょう。

■ 簡単なケースから考えるのが基本の基本

百三つだと数が多い（100）ので、まずは少し簡単な例から考えましょう。

実はいきなり複雑なケースではなく、簡単なケースから考えていくというのは予測の基本の基本です。これを数学の世界では**正規化**なんていいます。そしてそこで得たものを、一般的なケースに当てはめることを**一般化**といいます。

ある会社で、これまで新商品を出すと「2つに1つは当たっている」とします。つまりヒット率50%です。

この50%を計算の関係で $\frac{1}{2}$ と表します。

$$\frac{1}{2} = 1 \div 2 = 0.5 = 50\% = 5割$$

小学校の算数です。思い出しましたか？

このヒット率50%の会社で、A、B、Cという3つの商品を出して、「このうちヒット商品が2つ出る確率」を考えてみましょう。商品はA、B、Cと3つあるのですから、2つがヒット商品となる**組み合わせ**は(A、B)(A、C)(B、C)の3通りです。

確率ではこの「組み合わせ」が大切なポイントといえます（この「組み合わせ」は、我々の頃は中学校だったと思うのですが、最近は小学校の算数でやるようです）。

数学でいう「組み合わせ」とは、今の例なら「3つの中から2つ取り出す"組み合わせ"は何通りでしょうか？」という問題のことです。「答え」は先に書いたように3通りです。この「何通りか」という「組み合わせ」はエクセルで計算できます。

エクセルの手順1-1「組み合わせ」

　　□個の中から△個取り出す組み合わせ
① 「関数の検索」で「組み合わせ」と入れて「COMBIN」を選ぶ
② 「総数」の欄に□、「抜き取り数」の欄に△を入れる
③ 先の例なら□＝3、△＝2　➡「3」と出る

　次に（A、B）となる確率（＝ AとBがヒット商品、つまりCはハズレ）を考えてみましょう。Aのヒットする確率が$\frac{1}{2}$、Bのヒットする確率が$\frac{1}{2}$ですので、18ページで書いたように、かけ算して$\frac{1}{2}×\frac{1}{2}=\frac{1}{4}$でしょうか？

　しかしこれではCもヒット商品となるケースも含んでしまっています。つまり「A、BがヒットしてCがヒットしない確率」を考えなくてはいけません。Cがヒットしない確率も$\frac{1}{2}$（18ページで述べたように、ヒットしない確率は1からヒットする確率を引く。つまり$1-\frac{1}{2}=\frac{1}{2}$）です。

　したがってヒット商品が（A、B）となる確率は$\frac{1}{2}×\frac{1}{2}×\frac{1}{2}=\frac{1}{8}$です。

　（A、C）（B、C）も同じく$\frac{1}{8}$の確率ですので、このヒット率50％の会社で、3つのうち2つ商品がヒットする確率は$\frac{1}{8}×3$

第1章　商品開発の未来を読む

$= \dfrac{3}{8}$、つまり $3 \div 8 = 0.38$※ ＝ 38 ％ です（分数はわり算でした。思い出しましたか？）。

2つに1つしかヒットしないのに、3つ出して2つもヒット商品が出る確率が4割弱もあるなんて、ちょっと意外な感じです。

このヒット確率を一般化すれば、□個のうち△個がヒットする確率は、「□個から△個取り出す組み合わせに各ケースの確率（△個ヒットして、□－△個ヒットしない確率）をかける」となります。

■ 百三つで、1つもヒットが出ないことは「普通はない」

さあ「百三つ商品開発」で考えてみましょう。これは新商品のヒット率が3％（小数だと 0.03）の会社です。

ここでこの会社が「商品を1年間に100個出して、いくつヒットがあるか」を確率アプローチで考えてみます。

まずはすべて不発に終わる確率です。ヒット商品が0です。

ヒットする確率は 0.03 ですので、ヒットしない確率は 1 － 0.03 ＝ 0.97、つまり 97 ％です。この"組み合わせ"は1通りしかありません。これが 100 回続けて起きる（100 個ヒットしない）のですから、その確率は次のようになります。

これを計算するのは電卓ですと気が遠くなりますが、エクセルで計算することができます。

※　この答えは 0.375 なので 3÷8≒0.38 と表現すべきです。≒ は「大体同じ」という意味です。ただ本書ではわずらわしいので、≒ も＝と表します。

エクセルの手順1-2「指数」

①関数「POWER」を選ぶ
②先の例なら「数値」の所に0.97、「指数」(62ページ参照)の所に100と入れる

結果は0.05となります。

つまり百三つ商品開発で、1年間に新商品を100個出してヒット商品が1つも出ない確率は、何と5％しかありません。後で述べますが、数学でいえば **5％**は「**めったにない**」という状況です。これを数学的には「**ほぼ起きない**」と考えます(111ページ参照)。つまり「新商品を100個出すと最低1個はヒット商品が出る」となります。

ちなみに新商品を200個出すと、ヒット商品0の確率は0.002、つまり0.2％となります。これは数学でいえば「**ほとんどあり得ない**」となります。

百三つ商品開発をとってみたくなる気持ちがわかると思います。

■ 下手な鉄砲でも数撃ちゃ当たるのか？

ではすごくうまくいって「百三つ」を超える確率はどれくらいになるのでしょうか？ つまり1年間に「4個以上ヒット商品が出る確率」です。これも「めったにない」となるのでしょうか。

ヒット商品が4個以上となるのは4〜100個までパターンがあ

第1章　商品開発の未来を読む

るので、各パターンの確率を計算するのは大変そうです。こういう時は「4つ以上にはならない確率を出して、1から引く」という方が簡単です。つまりヒットが3つ以下の確率を出すことです。それは0個、1個、2個、3個の4パターンです。この各パターンに先ほど一般化した「組み合わせと各ケースの確率」を使いましょう。0個の確率は0.05でした。

　1個だけヒットが出る確率を考えてみましょう。先ほどやったように「100個の中から1つ取り出す組み合わせ」を考えなくてはなりません。これはエクセルを使うまでもありません。商品は100種類ですので、100通りに決まっています。

　1ケースあたりの確率は、「1つがヒットして(確率0.03)、99個がヒットしない(0.97)」ですので、下のようになります。

　これをエクセルで計算して100をかけると(100通りですので)、0.15となります。

　2個ヒットする確率は、商品100個から2個取り出す組み合わせを考えます。これをエクセル(関数COMBINで「総数」に「100」、「抜き取り数」に「2」を入れる)で計算すると「4,950」通りと出ます。

　したがって「2個ヒットし、98個ヒットなしの確率」は

ですので、これに4,950をかけると「0.23」となります。

3個も同様にやってみると(COMBINに「100」と「3」を入れ、0.03を3回、0.97を97回かける)、やはり「0.23」となります。

これでヒット商品3個以下の確率が計算できます。

$$0.05 + 0.15 + 0.23 + 0.23 = 0.66$$

↓ ↓ ↓ ↓
0個ヒット　1個ヒット　2個ヒット　3個ヒット

0.66 = 66%です。

そうなると4個以上ヒットが出る確率は34%(100 − 66)です。

これも意外な結果です。「百三つ商品開発」で、100個の新商品を出して4個以上のヒット商品が出る確率は$\frac{1}{3}$以上もあるのです。つまり「3年に1度は4個以上ヒット商品が出る」ということです。

ちなみにヒット商品が4個出る確率を上と同じように計算してみると17%ですので、ヒット商品が4個以下の確率は66 + 17 = 83%となります。つまり5個以上ヒットする確率は17%(1 − 0.83、約$\frac{1}{6}$)です。何と「6年に1度は5個以上ヒット商品が出る」ということになります。

商品開発をやっている企業は自社のヒット率を計算してみましょう。それで1年間に○○個のヒット商品が出る確率を出し

てみましょう。意外な結果になると思います。

　最近「ヒットがあまり出ない」という理由で新商品開発をやっていない企業は、商品開発について確率アプローチを使って、もう一度考えてみましょう。「下手な鉄砲も数撃ちゃ当たる」が商品開発戦略の基本かもしれません。

■ 期待値は未来の値

　商品開発という仕事は「開発費を投資して、商品を売った利益で回収する」というものです。しかし投資額は見積もれても、どれくらいの利益が出るかは読みづらいといえます。そこで「ある投資額を回収するためには、どれくらいの利益が必要か」と考えるのが普通です。

　これを先ほどの「百三つ商品開発」の例で考えてみましょう。

　ある会社では1商品を開発するのに平均500万円が必要です。商品がヒットしないとすぐに販売をやめてしまうため、この500万円は回収できないと考えます（「多少売上が出ても、売れ残りがたくさん出て、利益が全く出ず、回収できない」）。

　では「百三つ商品開発」でヒット商品が1つあたり"いくらくらいの利益"を出せば、この会社は収支トントン（投資額を回収）となるのでしょうか？

　ここでは期待値というものを考えます。これも簡単な例から考えましょう。

　「ハズレなしの10本のくじで、1等1,000円が3本、2等100円が7本入っているくじ箱」を考えます。1等の確率は30%$\left(\frac{3}{10}\right)$、2等の確率は70%$\left(\frac{7}{10}\right)$です。

では「1本のくじを引いて得られる金額」は平均どれくらいでしょうか?

平均といっても「1等1,000円と2等100円を足して2でわる」のではダメなのはわかると思います。

そこでまず1等くじの総額を考えてみましょう。1,000円×3本です。くじは10本あるのですから、1本あたり平均は「1,000×3本÷10」です。ここで少し計算の書き方を変えると1,000円×$\frac{3}{10}$となります。つまり1,000円という1等の金額に、1等の確率をかけています。2等の時も同じように考えると、1本のくじで得られる金額の平均は次のようになります。

この370円を「平均」と表現するのはあまり適切ではありません。平均は過去の結果を意味するイメージですが、くじはまだ引いていないので「未来」です。この「未来の平均」にあたるものを「期待値」と表現します。未来に期待される値です。

このくじの期待値は370円です。

■ 百三つ商品開発ではホームランを狙う

さあ、先ほどの「百三つ商品開発」に戻りましょう。

ある商品を出してヒットする確率が3%で、ヒットによって得られる利益はまだわかりません。また97%の確率でヒットせ

ず、この時に得られる金額は500万円の損、つまり「−500万円」です。

ここで先ほどの「投資額を回収できるヒット商品の利益（収支トントンとなる利益）」を考えてみましょう。この利益を□円とします。

「商品が未来に得られる金額の平均、つまり期待値がゼロ（収支トントン）になる□」が求めるものです。先ほどの「くじの期待値の式」から次のようになります。

$$\underline{□ \times 0.03} \quad + \quad \underline{(-500) \times 0.97} \quad = 0$$

ヒット（先ほどの1等）　　ヒットしない（先ほどの2等）

中学校でやった方程式です。解き方を思い出しましょう。

□ × 0.03 − 485 = 0 ➡ □ × 0.03 = 485
➡ □ = 485 ÷ 0.03 = 16,166.……（万円）

つまり「1億6,000万円の利益」をヒット商品が出せば、「期待値はゼロ＝収支トントン」です。言い方を換えれば、1つのヒットが1億6,000万円の利益を出さないと、97個のヒットしない商品の損をカバーできません。なかなか大変なことです。

そこで、もし商品開発時にテストマーケティング※をやって（つまりその分、開発コストを上げて）ヒット率を高めるとどうなるでしょうか？

テストマーケティングによって開発費は倍の1,000万円となり

※　開発した商品を本格的に販売する前に、売れるかどうかをテストしてから販売すること。「ある地域で限定的に売ってみる」といったものが典型的なパターン。

ますが、ヒット率が10%に上がると想定します。そうすると上の式は次のようになります。

$$□ \times 0.1 - 1,000 \times 0.9 = 0 \quad \Rightarrow □ = 9,000万円$$

それでも開発費1,000万円で、ヒット商品1個あたり9,000万円の利益が必要です。

百三つ商品開発では、ヒット率よりもヒットした時の利益をいかに大きくするかがポイントのようです。つまり確率の高い小ヒットより、確率が低くても一発ホームランの大ヒットを狙うことです。

■ まだ出店していないレストランの未来を読む

次は2番目の予測の矢、**統計アプローチ**です。

今度は商品開発を百三つパターンではなく、1つ1つじっくりと開発していくスタイルを考えてみます。少し目先を変えて、サービス業の例で考えてみましょう。以下のケースのようなレストランなどのサービス業では、「店舗開発」も商品開発の1つといえます。

> **ケース**
> A社は創業者が始めた「和と中華とイタリアンを組み合わせたレストラン」がそのルーツである。この店舗がヒットしたので2号店、3号店と次々出店し、10号店まできた。創業者は、これをフランチャイズ※でも展開しようと考えている。

※ 本部と加盟店がフランチャイズ契約を結び、本部は加盟店に対し、店名、経営ノウハウなどを提供し、加盟店は本部にその使用料(ロイヤリティという)を支払うというもの。フランチャイズに対して自ら出店していくものを直営店という。

第1章　商品開発の未来を読む

> フランチャイズ本部としては店舗での売上の何％かをロイヤリティとして徴収したいのだが、まだ出店していない店舗の売上をどうやって読んだらよいのかわからない。フランチャイズ展開するためには、何とかこの未出店の店舗の売上の読み方をきちんとモデル化したい。そのために、今度直営店として出店する11号店の売上を予測したいと考えている。

　10店舗の年間売上高を単純に平均して11号店の予測売上とするわけにはいきません。タイプの違う店の平均などあまり意味はありません。くじの時の期待値のようなものが必要です。

　こんな時、普通に考えるのは、「チェーン店なんだからメニューは同じだ。それなのに店舗の売上が違ってくる要因は何だろう」「何によって店舗の売上は変わるのだろう」といったことでしょう。

　この一番の要因として考えられるのは、「店舗面積」です。店の広さによって顧客のキャパ（店に入れる人数）が決まり、それが当然売上にも大きく影響します。

　そこで1〜10号店の店舗面積と年間売上高の関係を調べてみると図表1-1のようになりました。今度出す11号店の店舗面積は200㎡です。

店舗No	店舗面積(㎡)	年間売上高(万円)
1	153	5,265
2	124	3,520
3	265	7,223
4	240	4,020
5	98	2,890
6	135	4,620
7	110	3,834
8	320	5,067
9	182	6,667
10	192	8,020
11	200	?

図表1-1

■ 店舗面積と売上の関係をひも解く

　もし売上が店舗面積に比例していると考えるなら（店舗面積が2倍になったら売上も2倍）、「1㎡あたりの売上」を出せばよさそうです。しかしどう考えても比例しているとは思えません。

　こういう時は「知りたい数字」（年間売上高）を縦軸、「それに関係する数字」（店舗面積）を横軸にして、該当するところに点を打ってみて、その状況を見るというのがセオリーです。こうやって点を打つことをプロットといい、そのグラフをプロット図（散布図）といいます。この図は、図表1-1のような表があれば、エクセルが書いてくれます。

第1章　商品開発の未来を読む

エクセルの手順1-3「プロット図（散布図）」

①店舗面積と年間売上高の表をエクセルに入力する
②表を選択し、「挿入」のグラフの「メニュー」から「散布図」を選ぶ
③いくつかのグラフタイプの中から「点を打っているだけのタイプ」を選ぶ

これで次のようなプロット図が出力されます。

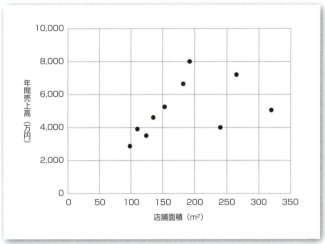

図表1-2

このようにプロット図で2つの数字の関係を分析していくことを**回帰分析**といいます（もう少ししっかりした定義は49ペー

ジでやります)。図表1-2には何か右肩上がりの線が見えませんか。比例しているわけではありませんが、店舗面積が大きくなると年間売上高が大きくなる傾向にあります。このグラフに1本の線が引ければ、11号店の店舗面積200㎡の年間売上高が予測できそうです。

ではこの線をどうやって引けばよいでしょうか？

適当に引くと、その"引き方"で予測値が異なってしまいます。そうなると、この線の引き方でもめそうです。

人類はこの「線の引き方」について、すでに合意しています。それは「各点(図表1-2の10個の点)から直線までの距離の和が最小になるように直線を引く」というものです(他に良いやり方があると思うなら考えてみてください。もしあればノーベル賞です)。ここまでやり方が決まれば、後はエクセルがこの直線を引いてくれます。この線のことを回帰直線といいます。

エクセルの手順1-4「回帰直線」

① プロット図のどこかの点にカーソルを合わせて右クリックする
② メニューの中から「近似曲線の追加」を選ぶ
③ その中の「線形近似」を選ぶ

次のような直線を引いてくれると思います。

第1章　商品開発の未来を読む

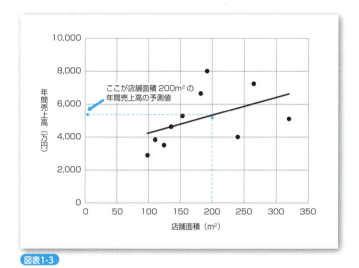

図表1-3

　これで、横軸の200㎡（11号店の店舗面積）の所から線を引いていけば、11号店の年間売上高が予測できます。

■ 線だけでなく式もエクセルに頼む

　しかし年間売上高をグラフから読みとるのは結構大変です。店舗面積から年間売上高を出す"式"があれば簡単です。この式を回帰式といいます。回帰式もエクセルが作ってくれます。

エクセルの手順1-5「回帰式」

● エクセルの手順1-4「近似曲線の追加」の所で「グラフに数式を表示する」を選ぶ

47

するとグラフに次のような式が出てきます。

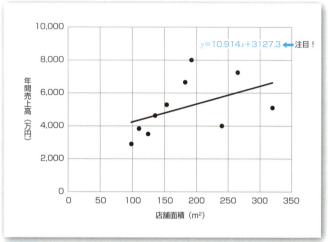

図表1-4

この「$y = 10.914x + 3127.3$」という式が、「**店舗面積(x)から年間売上高(y)を予測してくれる回帰式**」です（xは横軸、yは縦軸を意味しています）。

つまり**年間売上高（万円）＝ 11 × 店舗面積（㎡）＋ 3,100**です（細かい数字はあまり意味がないので、こういう時は有効数字2桁くらいにしてしまいます。10.914→11、3127.3→3,100）。

11号店は店舗面積200㎡ですので、11 × 200 + 3,100 = 5,300万円と予測されます。

この式を使えば、どんな店舗面積でも年間売上高を予測できます。また11号店を出店して、年間売上高が出れば、これをデータに追加して12号店を予測できます。

■ 回帰分析をしっかり定義しよう

　このように、「わかっている数字」（この場合「店舗面積」。これを説明変数という。パラメータという言葉を使うことも多い）を使って、「知りたい数字」（この場合は「年間売上高」。これを被説明変数という）を予測するやり方が、45ページで述べた回帰分析です。まあ、説明変数、被説明変数、回帰分析といった言葉の定義を知るより、このようなケースを通して、その意味を体で感じてください。

　回帰分析というのは、直感的には「単純に平均をとるのではなく、何か（説明変数）を考慮して平均をとる」というものです。店舗面積の異なる年間売上高を平均して、次の店舗の年間売上高を予測するのは乱暴ですので、「店舗面積を考慮に入れながら、年間売上高の平均値を出していく」という"感じ"です。

　そう考えると、先ほどの直線（これが「平均」にあたる）と点の距離というのは、20ページの「偏差」と同じです。この「和の最小の直線を引く」ということは「標準偏差のもっとも小さな直線を引く」という感じになります。

　ビジネスにおいて回帰分析は、その使う範囲が非常に幅広いといえます。例えば、飲料のように気温によって大きく売上の違うものを予測する時に、気温ごとに平均をとろうとすると対象の数字（売上）が少なくなってしまいます。そこで気温を考慮してすべての数字を使って平均を出していくのが回帰分析です。

　回帰分析は説明変数と被説明変数の2つの数字をエクセルに並べて指示すれば、これでOKです。回帰分析は統計アプロー

■ さまざまな要因で売上は決まる

　ただ気になることが1つあります。それは「店舗面積だけで年間売上高を予測してよいのか。商圏※人口によっても売上が違うのでは？」と指摘された時です。

　先ほどの図表1-4を見てください。直線と各点がほとんど離れていなければ、店舗面積だけでよいような気がしますが、少し直線から離れている点が多い感じがします。店舗面積だけでなく、他の要因も年間売上高に影響している感じがします。マーケットの魅力度（「顧客がたくさんいる地域」など）のような要因も関係しているようです。

　そこで商圏人口を先ほどの表に足してみましょう（知りたい「年間売上高」は右端にしておきます）。

※　商圏とはその店舗に来ることのできる人がいるエリアのこと。

第1章 商品開発の未来を読む

店舗No	店舗面積(㎡)	商圏人口(人)	年間売上高(万円)
1	153	7,562	5,265
2	124	4,264	3,520
3	265	12,030	7,223
4	240	5,262	4,020
5	98	3,825	2,890
6	135	3,054	4,620
7	110	2,825	3,834
8	320	4,854	5,067
9	182	3,825	6,667
10	192	9,985	8,020
11	200	4,806	?

図表1-5

こうして見ると、たしかに商圏人口も年間売上高に影響していると感じます(無論、店舗面積にもこの"感じ"はあります)。

そうなると年間売上高を予測するのに、「店舗面積と商圏人口の2つを考慮して平均をとりたい」=「店舗面積と商圏人口の2つを説明変数として回帰分析をしたい」と思います。

こんな時はどう考えればよいのでしょうか?

図表1-2のプロット図を、平面ではなく立体(空間)で考えてみることです。

先ほどは縦軸、横軸という平面(軸が2つあるので2次元)の中で考えましたが、これを図表1-6のような立体(軸が3つあるので3次元)の箱の中で、線を引く感じです。

51

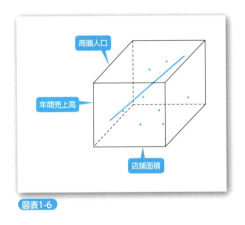

図表1-6

　先ほどと同様に、この箱の中に浮かんでいる各点と直線の距離の和が一番小さくなるように、直線を引けばよいわけです。

　この直線の式がわかれば、店舗面積、商圏人口を考慮した年間売上高が予測できます。これもエクセルでできます。

 エクセルの手順1-6「重回帰分析」

①「ファイル」→「オプション」から「アドイン」を選び、「分析ツール」を選択。「設定」をクリックして「分析ツール」にチェックを入れ、「OK」を押す。

②「データ分析」のメニューから「回帰分析」を選ぶ。

③「入力Y範囲」(被説明変数のこと)には、エクセルに入れておいた「表題の年間売上高と10個の数字」を、「入力X範囲」(説明変数のこと)には「表題(店舗面積、商圏人口)と10×2列の数字」を選び、「ラベル」にチェック

> を入れ、「OK」をクリックする。

そうすると次のような「すさまじい表」が出ます。

	回帰統計
重相関 R	0.753787746
重決定 R2	0.568195966
補正 R2	0.444823385
標準誤差	1263.889183
観測数	10

分散分析表

	自由度	変動	分散	観測された分散比	有意 F
回帰	2	14713889.33	7356945	4.605528725	0.052906
残差	7	11181911.07	1597416		
合計	9	25895800.4			

	係数	標準誤差	t	P-値	下限 95%	上限 95%	下限 95.0%	上限 95.0%
切片	2340.241755	1170.379418	1.999558	0.085675134	-427.2658	5107.749	-427.2658	5107.749
商圏人口	0.362051559	0.152614699	2.372324	0.049436941	0.001175	0.722928	0.001175	0.722928
店舗面積	3.799167977	6.499169413	0.584562	0.577188614	-11.56893	19.16726	-11.56893	19.16726

図表1-7 ➡ ここを使う

　たくさんの数字が出てきますが、使うのは青い部分の「3つの数字」だけです。先ほどと同様に、この3つの数字を使って年間売上高を予測する式を作ることができます。次の通りです。

年間売上高＝3.8×店舗面積＋0.36×商圏人口＋2,300

　これを使って11号店の年間売上高を計算すると次のようになります。

$$11号店の年間売上高 = 3.8 \times 200 + 0.36 \times 4{,}806 + 2{,}300$$
$$= 4{,}800（万円）$$

　先ほどは5,300万円と予測されましたが、今度は4,800万円です。「どちらが当たるか」なんて議論しても意味がありません。

そんなことは結果が出てみないとわかりません。予測のやり方が違うのだから、結果が違うのは当然です。もうわかったと思いますが、「やり方に合意するのであって、結果に合意するのではない」ということです。

「店舗面積と商圏人口を説明変数として、年間売上高を予測する」と決めたら、これしか方法はありません。

もう一度図表1-5を見てください。11号店の年間売上高に4,800を入れると、どんな感じですか？　いい感じですか？　まわりが納得してくれそうな感じですか？

それでも不安なら「商圏内の競合先の数」、「最寄駅からの距離」といったものを説明変数として追加すればOKです。説明変数がいくつあってもエクセルがすべて処理してくれます。

このように説明変数が2つ以上あるものを重回帰分析といいます。名前は大げさですが、考え方は単純ですっきりしています。「点から線までの距離の和を最小にする線を引く」ということです。

■ 商品ライフサイクルカーブを微分する

商品開発への予測チャレンジ、第3の矢は微積アプローチです。商品開発においては、商品ライフサイクルというものを考えることがポイントです。つまり「開発した商品が（ライバル商品を含め）その後マーケットでどのように生き、死んでいくか」という未来の姿です。

この商品ライフサイクルでは、多くの商品が次のようなカー

第1章　商品開発の未来を読む

ブをとると考えられています。

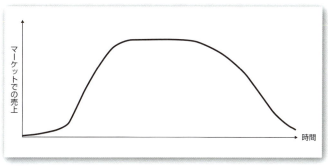

図表1-8

このカーブを時間で微分すると何が見えるでしょうか？　25ページでやったように各瞬間に接線を引くのが微分でした。
そして微分といえば「伸び」です。だから「マーケットの成長

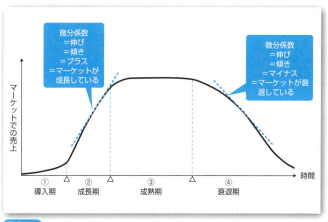

図表1-9

度」がわかるはずです。

　この伸び（微分係数）が大きく変化している点が3か所あるのがわかると思います。図表1-9の△の所です。これによって4つの時代に分けることができます。

①ゆっくり伸びている（微分係数が小さなプラス）。
↓
②大きく伸びている（大きなプラス）。
↓
③横バイ（ゼロ）。
↓
④衰退していく（マイナス）。

　①を導入期、②を成長期、③を成熟期、④を衰退期とよんでいます。逆にいえばマーケットの微分係数の変化点をつかめば、「次の時代」をとらえられることになります。
　これが有名な商品ライフサイクル理論（そんな大げさなものではないですが）という商品開発の原点です。

■ いつ開発商品をマーケットに投入するか

　商品開発の基本戦略は、この4つの時代のうちのどのタイミングで「開発した商品を投入するか」（「投入できるか」）ということです。
　1つ目の戦略は、他社に先駆けて導入期で商品を投入し、自らの手でマーケットを創っていくことです。これをマーケッ

ト開発といいます。このマーケット開発を目指す典型的なスタイルが先ほどの「百三つ商品開発」です。

ただ、このマーケット開発は、たった1社で多くの見込客※へ自社の新商品があることを伝え、その商品の使い方を説明しなくてはなりません（これを商品認知という）。そのため膨大なコストがかかります。しかしこの商品認知をやらないと、多くの見込客はその新商品が出たことも知りません。

2つ目の戦略は、成長期に入ってから、すなわちマーケットが開発されてから（商品認知がされてから）自社商品を投入するものです。この戦略ではマーケット開発のコストはかかりませんが、導入期で先発企業がすでに多くの顧客をつかんでしまっているかもしれません。

この2つの戦略が開発商品投入の典型なのですが、成熟期になってからマーケットへ自社商品を投入する企業もあります。成長期の戦いが終わって、顧客の安定した「真のニーズ」が見えてきた頃に、自社のブランド力を使って入っていくものです。近年、日本では多くの商品が成熟していく中で、大企業が既存商品で稼いだカネで他の成熟期マーケットに参入を図ることも増えています。例えば「銀行」という成熟期にあるマーケットに、ソニー、イオン、セブン - イレブン、オリックスなどが、そのブランドをベースとして参入していきました。

さらには衰退期になってその商品が死にかけている時に、買うのをやめた顧客のニーズをとらえ、それをクリアして買ってもらうことを考えて商品改良し、あえて参入する企業もあります。

いずれにしても先ほどの微分係数の変化点を使って、マーケ

※　商品を買ってくれるかもしれない顧客。

ットの時代を認識することが大切です。そのためには日々のマーケットの動きを見て、つまり売上を時間で微分し、その「伸び」の動きをチェックして、商品投入のタイミングを図る必要があります。

■ 商品ライフサイクルカーブを積分する

　今度は商品ライフサイクルカーブを積分してみましょう。
26ページで述べたように、売上を成熟期の間について積分すると、図表1-10の青い部分の面積となります。これは一体何を意味しているのでしょうか？

　この青い部分は、大体"長方形"のような形をしています。長方形の面積は「縦×横」ですので「売上（縦）×時間（横）」です。

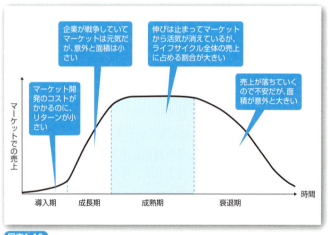

図表1-10

つまり成熟期の間の「商品の総売上」を表しています。

こうして見ると、商品ライフサイクルの中で成熟期の総売上が占める割合は大きいことが直感できます。そして意外に衰退期の総売上も大きいことがわかります。つまり成熟期の時間を長くし、衰退期に入っても何とか商品の寿命を延ばしていくことがマーケット全体の戦略テーマといえます。

一方、戦争中でマーケットが元気な時代（売上が伸びている）である成長期は意外と総売上が小さく、マーケット開発コストがかかる導入期は、ほとんどそのリターンがないことがわかります。

■ 一気にバラマク

ではピカ新（ピカピカの新商品）を開発して、マーケット開発をしていく企業は何を考えるべきでしょうか？

それはやっとリターンが開発コストを上回って、回収ができるようになる成熟期までは、他社にマーケットへ参入させないようにすることです。これを **参入障壁** といいます。

参入障壁としてもっとも確実なのは、特許などの知的財産権に関する法律※を使うものです。マーケット開発というコストを負担しなくても簡単にマーケット参入ができる社会では、誰も商品開発をしなくなってしまいます。これでは経済が成長しません。そこでピカ新を開発する企業を法律で守ろうというものです。これによって他社の追いかけ、参入を遅らせ、何とか開発コストを回収できるようにしてくれています。

しかし特許をとれないような商品の場合や、さらには特許を

※ 特許、著作権など、企業が知的活動（なかなかおもしろい表現ですが、要するに体を使うのではなく、頭を使う仕事）で生まれた発明、ノウハウ、著作物（文や絵など）などを、他の人にマネさせないようにする法律。

とっても（特許は公開しなくてはならない）それを少しヒネってマネされることもあるので、普通は他社のマーケット参入を妨ぐことはなかなかできません。

ではどう考えたらよいでしょうか？

それはマーケット開発時点からすぐにリターン（総売上）を大きくし、これによって自社同様の商品で他社に追随させないことです。つまり他社が入ってくる前に、早くマーケット開発コストを回収してしまうしかありません。

図表1-10の導入期、成長期の三角形（底辺×高さ÷2）を、長方形（縦×横で大きくする）に持っていくことです。つまり商品認知というマーケット開発のスピードを上げて（カネをかけて）、一気に見込客に商品を行き渡らせることです（これをよく「バラマク」と表現します）。

例えば新商品の開発が終わってもすぐには発売せず、「××月××日に発売」というマスコミ発表をして、「新商品が出ることだけ」を発売までの期間で見込客に伝え（商品認知して）、ライバルにはどんな商品かを教えないでおき、発売日から一気にバラマイてしまうといったことです（新商品を売りながらプロモーションをやっていくと、ライバルがその商品を見てコピーしてくるので、発売日まではこれを見せないでおく）。

そして成熟期もそれほど長くとらず、ライバルのコピー商品が出る頃には自社の少し改良した新商品（バージョンアップと表現します）を出して、他社に参入するタイミングを作らせないことです。

グラフで書けば図表1-11のようになります。

第1章 商品開発の未来を読む

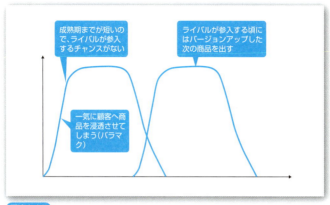

図表1-11

　この「新商品を一気にバラマク」ことをマーケティングの世界では、サチュレーション（飽和という意味）戦略とよんでおり、ピカ新の開発時にはよく使われる戦略です。

　先ほどの百三つ商品開発は、なぜそんなに新商品が出せるのかといえば、新商品の投入が自社の既存商品の売上を落とす（これをカニバリという）としても、気にせずどんどん出すからです。これによりライバルは対抗商品（コピー商品）をぶつけるタイミングを逸してしまいます。

　こうして現代の商品はライフサイクルが短くなり、かつトップ企業だけが勝つという「トップシェア現象」を生んでいます。

プラスアルファ〜その①
指数アプローチ

　未来を読む時、<u>指数</u>というおもしろい「人工的な数字」がよく使われます。

　「5^3」を何と読むか知っていますか？

　「5の3乗」です。これは「$5 \times 5 \times 5$」を意味し「5を3回かける」ということです。2乗は自乗ということが多いのですが、それ以外は「数字」乗（4乗、5乗、……）と表現します。

　では$5^3 \times 5^2$は？

　これは$(5 \times 5 \times 5) \times (5 \times 5)$、合わせて5を5回かけているので$5^5$です。つまり数学っぽく書けば$a^n \times a^m = a^{n+m}$です。33ページで述べた一般化です。では$5^5 \div 5^2$は？

$$\frac{5 \times 5 \times 5 \times 5 \times 5}{5 \times 5} = 5 \times 5 \times 5 = 5^3 = 5^{5-2}$$ です（わり算は分数です。さっきやりました）。

　一般化して$a^n \div a^m = \dfrac{a^n}{a^m} = a^{n-m}$です。では$5^2 \div 5^5$は？

$$\frac{5 \times 5}{5 \times 5 \times 5 \times 5 \times 5} = \frac{1}{5^3}$$ です。

　先ほどの「$a^n \div a^m = a^{n-m}$」に$n=2$、$m=5$を入れると、$5^2 \div 5^5 = \dfrac{1}{5^3} = 5^{2-5} = 5^{-3}$です。こう考えると、$\dfrac{1}{5^3} = 5^{-3}$とすると都合がよさそうです。

　一般化しましょう。$a^{-n} = \dfrac{1}{a^n}$です。では$\dfrac{5^3}{5^3}$は？

　答えは1です。先ほどの式を使うと$5^{3-3} = 5^0 = 1$。5の0乗は

「1」としないと、つじつまが合いません。

一般化して $a^0 = 1$ です。

もう少し突っ込みます。

$(5^3)^2$ は？

これは $(5 \times 5 \times 5)^2 = (5 \times 5 \times 5) \times (5 \times 5 \times 5) = 5^6$

一般化して $(a^n)^m = a^{nm}$（ついて来ていますか？）

では $4^{\frac{1}{2}}$（4の $\frac{1}{2}$ 乗）はどんな数字にすると、つじつまが合うでしょうか？

$4^{\frac{1}{2}}$ を2乗してみましょう。

$(4^{\frac{1}{2}})^2 = 4^{\frac{1}{2} \times 2} = 4^1 = 4$

つまり $4^{\frac{1}{2}}$ は2乗して（2回かけて）4になるものです。わかりますか？ □×□＝4です。そう、□は2です。これは $\sqrt{4}$ と書きます。つまり $4^{\frac{1}{2}} = \sqrt{4}$ です（中学の数学でルート4、「4の平方根」と習いました。そして20ページの標準偏差でこれを使ってしまいました）。

では $8^{\frac{1}{3}}$ は？

3回かけて8になる数字です。これは $\sqrt[3]{8}$（「8の3乗根」と読みます）と表現します。$2 \times 2 \times 2 = 8$ なので、$\sqrt[3]{8}$ は2です。

一般化して、$a^{\frac{1}{n}} = \sqrt[n]{a}$

先ほどと合わせて $a^{\frac{m}{n}} = (\sqrt[n]{a})^m$ です。

ここまで理解できれば、この指数の計算は、36ページで述べたエクセルの「POWER」という関数がすべてやってくれます。例えば $\sqrt[3]{8} = 8^{\frac{1}{3}}$ なら、関数の「POWER」を選んで、数値の欄に「8」、指数の欄に「$\frac{1}{3}$」を入れれば「2」と出ます。

そうです。指数とはa^nのnを指しているのです。

神様は1、2、3、……という数字しか人間に与えませんでした（これを自然数といいます）。人間はここから分数、小数、0、マイナスから始まって、さまざまな数字を人工的に作り出してきました。指数やこの後で本書に出てくる対数などはその典型です。この人工的数字こそが数学の原点です。

そしてこの人工的数字が意外にもビジネスに使われています。このアイデアを出してくれた数学者に感謝したいものです。

この浮世離れしているように見える指数が、何と多くの「数字に弱い人たち」が携わっている（失礼！　でも私がマーケターというマーケティングのプロに会うと直感的な話しか出てきません）マーケティングの世界でも、実はよく使われているのです。マーケティングはアメリカで生まれた学問ですが、多くのマーケティング学者や数学者たちがこれにチャレンジして、実用化しています。

例えば50ページに出てきた"商圏"にも使われています。この商圏理論で有名なのがハフモデル（ハフさんが考えた商圏モデル）です。これはショッピングセンターなどの大型の商業施設を出店する時に、「どれくらいの顧客が集まってくるか」（これを「吸引力」と表現します）を数字で予測するものです。

ハフさんはこの吸引力を「売場面積（a）」と「店から顧客のいる地域までの距離（b）」を使って、次のような予測式を考えました。

$$吸引力 = \frac{a}{b^n} = ab^{-n}$$ ←売場面積が大きいと吸引力は大きく、距離が離れると吸引力は小さい（納得できます）。

ここでの指数nは、その店で扱う商品によって違うとしています。例えば衣料などファッション品はnに$\frac{3}{2}$を使っています。何と$\frac{3}{2}$乗です！　つまり$b^{\frac{3}{2}}$です。実際の出店後の結果から吸引力を分析して、この$\frac{3}{2}$がぴったりとしています。そう、回帰分析が生んだものです。

　$b^{\frac{3}{2}}$も恐るるに足りません。「b^3の平方根です」。日本でマーケティングという仕事の時にこんなことを言うとまわりはびっくりしますよね。そしてこれもビジネスツールのエクセルの「POWER」を使えば、あっという間に計算できます。

　ついでに指数関数というものを説明します。

　関数とは「ある数字（49ページの説明変数）が決まると別の数字（被説明変数）が決まる関係」という意味です。もう「エクセルの手順」の所で関数（fx）という言葉を使ってしまったのですが、fxのfはfunction（関数の英語）の頭文字です。xは説明変数で使うことが多いのでfxと表現しています。

　例えば「月給（yと表現）が『基本給（20万円）と残業時間（x）』で決まる」とします。残業代の賃率（時給のこと）が2,000円なら、$y = 200,000 + 2,000 \times x$となります。$x$（残業時間）が決まると$y$（月給）が決まるので、$y$は$x$の関数です。グラフにすると次のような感じです。直線の傾きは2,000です。

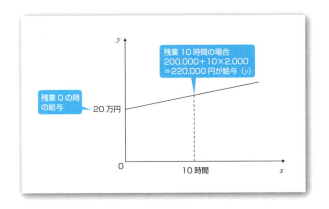

指数関数とは、$y = 2^x$ のように「関数のうちの1つが指数」になっているものです。

$y = 2^x$ は $x = 1$ の時 $y = 2$、$x = 2$ の時 $y = 4$、$x = 3$ の時 $y = 8$、……となるので、グラフにすると下の左図のようになります。$y = 2x$（右図）と比較してください。

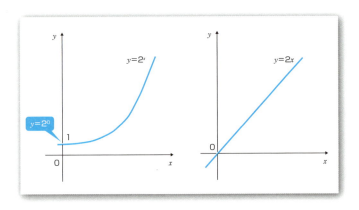

$y = 2x$に比べて$y = 2^x$は、途中から"ぐっと"伸びていく感じがわかると思います。

　この$y = 2^x$のような曲線を<u>指数曲線</u>といいます。

　一方、$y = 2x$のような直線を<u>線型</u>ともいいます。46ページのエクセルで選んだ「線型近似」は「直線」を意味しています。

　時間(x)と、ある商品の売上(y)の関係を考えてみましょう。$y = 2x$なら売上が時とともに順調に伸びている感じです。一方、$y = 2^x$なら「時とともにダイナミックに伸びている感じ」がわかると思います。1年で2倍になっていきます。だから$y = 2^x$のような伸びを、よく「倍々ゲーム」(2倍ずつ上がっていく)といいます。

　$y = 2^x$の「2」が「1」より大きい時は、その数が大きくなればさらにぐっと上がっていきます。$y = 2^x$より$y = 3^x$の方が3倍ずつ上がっていくので、「ぐぐっと上がる感じ」が強くなります。

　では1より小さいとどうなるでしょうか。

　$y = \left(\dfrac{1}{2}\right)^x$は？

　xが0の時yは1、xが1の時yは$\dfrac{1}{2}$、xが2の時yは$\dfrac{1}{4}$と、xが大きくなるとyはだんだん小さくなります。一方、xが-1の時は2、xが-2の時は4です。ですからグラフとしては次のような右肩下がりの滑らかな曲線になります。

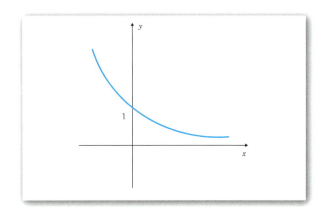

　xが大きくなっていくとyはどんどん小さくなり、0に近づきます。この曲線は生産の世界のコストダウン、品質管理といった仕事でよく使われています。時間(x)とともに、y(コスト、不良率)がどんどん落ちていく感じです。この曲線を使うと未来のコスト、品質が読めます。

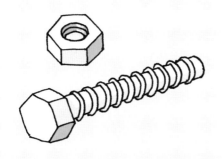

第2章
生産の未来を読む

　次は生産の世界です。この世界は携わっている人が比較的理系（理系、文系の分かれ道は「数学の好き嫌い」で決まることが多い）の人が多いこともあり、仕事に数学がよく使われてきました。第3章で述べる販売の世界とは対照的です。ただ統計手法を使うものがほとんどで、かつ品質管理という仕事に偏っています。しかも品質管理の統計活用（統計的品質管理とよばれます）は、そのやり方が完全にパターン化しているため、これをコンピュータがすべてやってきました。そのため、実際にこの仕事に携わっている人でも「なぜこんなふうにやっているのか」を理解していない人が多いといえます。つまり仕事がブラックボックス化していて、それ以外の仕事にこの統計手法を生かすことができません。

　本章では生産というシステマチックなのにミステリアスな世界へ、統計アプローチは無論のこと、確率アプローチ、微積アプローチという「予測の3本の矢」を使って切り込んでいきます。

■ 不良品はどこから入ってきたのか

まずは現代の生産における最大のテーマである<u>不良</u>について考えましょう。ここでは確率アプローチを使います。次のようなケースで考えてみましょう。

> **ケース**
>
> A社では、Bという機械を作るためにCという部品を大量に使っている。A社はこの部品CをX社、Y社、Z社の3社からそれぞれ20%、30%、50%の割合で購入している。過去のX社、Y社、Z社の納入実績から、各社の部品の不良率が8%、6%、3%※とわかっている。
>
> A社が機械Bを顧客に納入してしばらくしたら、不具合が発生したとのクレームが入った。状況を調査した所、C部品に不良があることがわかった。機械Bの出荷時の品質検査でチェックモレが生じていたと考えられる。そのC部品はすぐに取り替えて対応したが、A社としては不良の原因を調査したい。しかしそれがX、Y、Zのどの会社から納入された部品かわからない。C部品の不良調査には時間とコストがかかるので、可能性の高い会社から調査したい。
>
> どの会社から調べていくかを決めるために、この不良品がX社、Y社、Z社のものである確率を求めたい。

さあ、この確率を考えてみましょう。

A社が仮にC部品を1,000個購入すると、そのうち200個(20%)がX社、300個(30%)がY社、500個(50%)がZ社のものです。

※ この不良率は現実的にはいくら何でも大きすぎますが、0.00008%といった0がたくさんある"小さい数字"だと計算しにくいので、あえて大きくしています。このケースを0.00008%、0.00006%、0.00003%でやっても同じ結果となります。

この200個のX社の部品が不良品である確率は8％ですので、不良品の期待値（何か表現が少し変ですが）は200 × 0.08 = 16個です。同様にY社の期待値は300 × 0.06 = 18個、Z社は500 × 0.03 = 15個です。

したがって1,000個購入した時の不良品の期待値は、全部で16 + 18 + 15 = 49個です。この49個のうちX社の不良品は16個ですので、その確率は$\frac{16}{49}$ = 33％となります。同様にY社は$\frac{18}{49}$ = 37％、Z社は$\frac{15}{49}$ = 31％となります。したがって、この不良品はY社のものである確率がもっとも高くなります。

■ ベイズさんが考えた確率

実はこれは**ベイズの定理**とよばれるもので、最近ビジネスの世界で注目を集めています。

ベイズの定理では先ほどの8％、6％、3％という不良率を**事前確率**といいます。つまり不良が起こる前（納入された段階で不良が起きていない）の確率です。一方、上で計算した33％、37％、31％を**事後確率**といいます。不良が起きた後、それがX、Y、Zである確率という意味です。ベイズの定理とは事前確率から事後確率を求める「式」のことです。

ここでベイズの定理は先のケースでやったように、期待値を考えれば、その定理（ベイズさんが考えた式）を知らなくても答えは得られます。でもビジネスで騒がれているくらいなので、式とその意味を知っておく価値はありそうです。何とか一般的に使える「式」にしてみましょう。つまり「一般化」です。少しややこしいのですが、がんばってついて来てください。

まず購入割合の0.2(20%)、0.3(30%)、0.5(50%)はそれぞれ、1つのC部品が納入された時に、それがX、Y、Z社製である確率です。

　一方、X社の不良率の0.08(8%)は「X社から納入された時にそれが不良である確率」です。これを条件付確率といいます。つまり「Xという出来事が起きた時」(これが「条件」)、それが「不良」である確率です。

　ここで知りたいのは逆に「不良」という出来事が起きた時に、これが「X」である確率です。つまり上の「逆の条件付確率」です。これを先ほどのケースでは次のようにして求めました。

$$\frac{(1{,}000 \times 0.2 \times 0.08)}{(1{,}000 \times 0.2 \times 0.08 + 1{,}000 \times 0.3 \times 0.06 + 1{,}000 \times 0.5 \times 0.003)}$$

仮に1,000個納入されたとして

　すべてに1,000が入っているので、これを取ってしまうと次のようになります。

第2章 生産の未来を読む

これがベイズの定理です。

これで終わりでもよいのですが、もうちょっとだけ数学っぽく一般化しましょう。

■ 数学っぽい説明

X、Y、Zという3つ（もちろん2つでも4つでも5つでも……よい）の**事象**（「何かが起こること」という数学用語です）のうちのどれかが必ず起きる。このX、Y、Zの起きる確率がP(X)、P(Y)、P(Z)とわかっている（どれかが起きるのでP(X) + P(Y) + P(Z) = 1）。

この事象と関連して別の事象N（先のケースでは「不良」）が起きる。ここでP(N|X)、P(N|Y)、P(N|Z)がわかっている。P(N|X)とはX（X部品が納入される）という事象が起きた時にN（不良）が起きる「条件付確率」のこと。

この時、P(X|N)、すなわち「N（不良）が起きた時にXが起きる確率」（その不良がXである確率）は、次のようにして求められる。

$$P(X|N) = \frac{P(X) \times P(N|X)}{P(X) \times P(N|X) + P(Y) \times P(N|Y) + P(Z) \times P(N|Z)}$$

これが数学っぽいベイズの定理の式です。

　説明はややこしいのですが、じっくり読めば誰でも理解できると思います。まあ、めんどくさい人は、この部分は読まなくても先ほどのような形でベイズの定理は使うことができます。

■ 迷惑メール対策にも使われている

　このベイズの定理はさまざまな所で使われていますが、一番有名なのが迷惑メールを判断するソフトウェアです。まあ、一般人はこのソフトウェアを使うだけであまり関係ないのですが、ベイズの定理を利用するケースとしては良い例なので本書でも触れておきます。

　今、自分の所に来ているメールのうち、迷惑メールの確率（来ているメールのうち迷惑メールが何％あるか）が70％、ノーマルメールが30％であったとします（これをメールソフトで自動カウントしておきます）。またメールの文面に「無料」という言葉が入っている迷惑メールが全体の8％、「無料」が入っているノーマルメールが全体の1％でした（これも迷惑メールボックスを作って入れておけばカウントできます）。

　ここで「無料」という言葉が入ったメールが来た時、これが迷惑メールである確率を求めてみましょう。ベイズの定理を使えば次のようになります。

第2章 生産の未来を読む

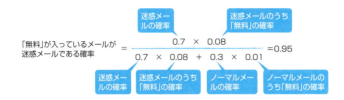

　つまり迷惑メールである確率は95％です。しかしこれで「無料」という言葉が入っているメールを迷惑メールボックスに無条件に入れてしまうと、5％のノーマルメールが入ってしまいます。そこでさらに「"安全"というキーワードが入っているか」……という形で迷惑メールをさらに絞り込み、その確率を上げていきます。そして一定の確率（例えば、後で述べる99％、99.9％）になったものを迷惑メールボックスに入れるようにします。

　この迷惑メールの算出の仕方を、ベイズの定理を使っているのでベイズフィルターといいます。

　ベイズの定理は不良、トラブルといったことの原因を考えるケースだけでなく、何かが起きてしまってから起きる前の状態を予測する時には結構使い勝手が良いものです。

■ 原価見積が受注生産のテーマ

　次は生産分野への統計アプローチです。先ほど述べたように生産分野において統計手法は主に品質管理という仕事で使われてきました。ここでは生産戦略という"生産の本丸"にチャレンジしてみましょう。

生産という仕事には2つのタイプがあります。見込生産と受注生産です。

　見込生産とは同じものをくり返し生産しておいて、これを販売していくものです。つまり「作ってから売る」タイプです。消費財（消費者が買うモノ）に多く見られます。見込生産の最大の戦略課題は「いくつ作るか」です。この生産戦略については次の微積アプローチでやりましょう。

　一方、受注生産とは顧客と仕様（どんなものを作るか）を詰め、原価見積をして見積書を出し、顧客と合意して受注となってから生産を開始するものです。つまり「売れてから作る」タイプです。生産財（企業が買うモノ）に多く見られます。建設業における各種工事などもこのタイプです。

　受注生産では「原価見積」が最大の戦略課題となります。つまり「作るのにいくらかかるか」という「予測」です。見込生産では基本的には同じものをくり返し作っているので、過去の原価をベースにすれば比較的簡単ですが、受注生産では毎回違うものを作るので、その原価見積は難しいといえます。

　ここでは原価見積、すなわち「未来の原価を読む」という予測に、統計を使ってアプローチします。

■ フェアな工数を求めたい

　受注生産の最大の特徴は、原価に「ヒト」が占める割合が高いことです。見込生産は同じものを作るのですから機械化が可能です。しかし受注生産は、顧客と詰めた仕様に合わせてヒトが考えながら作っていかなくてはなりません。したがって原

価見積のポイントは「ヒトがこの仕事にどれくらいの時間がかかるか」ということとなります。この"時間"を工数、「未来の時間」を読むことを**工数見積**といいます。

工数見積の統計アプローチに比較的早い時期からチャレンジしたのが「システム開発」という受注生産(システムの仕様を顧客と決めてから作る)の分野です。これが一般的な受注生産、さらには建設業の工事などにも適用されつつあります。

次のようなケースで考えてみましょう。

ケース

A社は顧客の要望に応じて情報システムを開発している企業である。A社では顧客から引合があると、開発部が工数見積をして、これをベースに営業部が顧客へ見積書を提出している。工数見積は開発部のマネジャーが過去の経験をベースとして、各工程ごとに工数を人月[※1]で見積もっている。

近年、営業部から「開発部の見積もった工数が他社に比べて大きすぎる。だからどうしても顧客へ提示する金額が高くなってしまい、受注できない」という声が上がっている。

開発部のマネジャーは利益が人事評価の指標であり、どうしても工数を大きく見積もりがちである。彼らが見積もった工数が目標原価[※2]のベースであり、これを超えれば赤字となってしまうので、当然といえば当然である。しかしこれでは、自分の成績の"ものさし"を自分で作ることになってしまい、不公平である。

A社の原価管理部では、この工数見積を何とかフェアにできないかと考えている。

※1 「人月」とは、1人で1か月かかる仕事量。
※2 目標原価より安く作った分が開発部の利益としてカウントされる。

A社では、人間の"カン"によって作られる「当たる工数」ではなく、誰でも合意できる「フェアな工数」を見積もることが求められています。こんな時は統計アプローチです。つまり「ある数字を入れれば、誰がやっても答えが1つになるやり方」を見つけることです。

　第1章の統計アプローチを学んだ人は、こういったケースではどうすればよいかがもうわかると思います。見積工数に影響を与えるもの（説明変数）を考えて、この説明変数で実績工数を回帰分析して、見積工数の"回帰式"を作るということです。

■ 何が工数に影響を与えるのか

　しかしそこには課題が1つあります。それは何を説明変数とするかです。これを考えてみると、画面数、入力項目数、データベース項目数、出力項目数、要求機能数、クライアント台数、……と数多くあります。

　A社では見積工数の回帰式を顧客の営業折衝の場面で使いたいと考えています。つまり「仕様を変更すればどのくらい見積金額（原価）が変わるか」を営業がつかんでおき、これを使って顧客と仕様を詰めていくのです。それには説明変数をせいぜい3つくらいにしたいところです。そうなると説明変数は「工数に与える影響の大きい順にベスト3を選びたい」と思うのが普通です。そのためには工数との関係の強さが数字で表せればよいことになります。

　こんな時に用いる統計アプローチが相関分析であり、この「関係の強さ」を数字で表したものを相関係数といいます。相関分

析にはさまざまな手法がありますが、一般に使われている相関係数はピアソンさんが考えたものです。多くの人が合意している(=エクセルにも採用されている)この相関係数を本書でも採用しましょう(この相関係数はピアソンの積率相関係数とよばれるものですが、多くの場合、単に相関係数というとこれを指します)。

■ 相関係数を設計する

相関係数を「工数」と「画面数」という2つの数字を例にして考えてみましょう。

「工数」を縦軸(被説明変数はいつも縦軸です)、画面数を横軸としてプロットしてみたら、次のようになったとします。

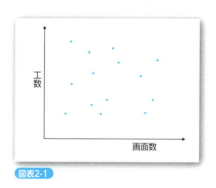

図表2-1

図表2-1の状態では、どうも「工数」と「画面数」の間には「関係がなさそう」です。この状態を「工数と画面数には相関がない」と表現します。ピアソンさんはこのような「相関なし」の時に、

相関係数が「0」となるようにその計算式を決めました。

「工数」と「画面数」の相関係数が0(相関なし)や0に近い時(ほぼ相関なし)には、画面数は工数の説明変数として適切ではないといえます。

もし図表2-2のようになっていたらどうでしょうか。

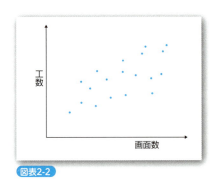
図表2-2

これは明らかに画面数が大きくなるにつれて工数も大きくなっています。このように「片方の数字が大きくなると、もう片方の数字も大きくなる」という状態を「相関あり」と表現します。正確にいうと「正の相関あり」です。この関係なら画面数を説明変数として使えそうです。

では図表2-3のような場合はどうでしょうか。

第2章 生産の未来を読む

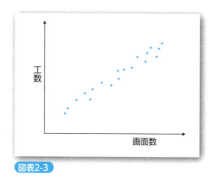

図表2-3

図表2-2より「工数」と「画面数」の相関は「強い感じ」がすると思います。

図表2-2、図表2-3で回帰直線を引くとどうなるでしょうか。

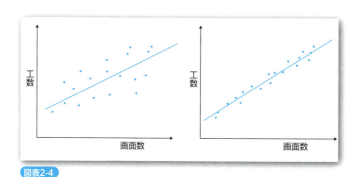

図表2-4

回帰直線は「各点と直線との距離の和が最小になるように引く」というものでした。この「距離の和」は、右の方が左より小さくなっているのがわかると思います。

81

ピアソンさんはこの「距離の和」を相関係数のベースとすることにしました。つまり「距離の和」が小さい（＝関係が強い）ほど相関係数を大きく、「距離の和」が大きい（＝関係が弱い）ほど相関係数を小さくするというものです。

　そして「距離の和が0」になった時を相関係数「1」としました。「距離の和が0」というのは、各点が一直線に並んだ時です。

　では仮に「顧客の情報システム部の人数」と「工数」でプロットしたら、図表2-5のようになったとします。

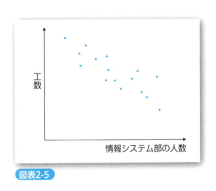

図表2-5

　「情報システム部の人数」が大きくなると「工数」が小さくなっています。先ほどの逆で「片方の数字が大きくなると、もう片方は小さくなる」というものです。これを負の相関といいます。この負の相関のある数字も、工数の説明変数として使えることになります。

　この時も正の相関と同様に、点と線が完全に重なった状態を－1とし、離れていくほど絶対値（マイナスの符号をとったもの。－1なら「1」）を小さくしていきます。そして－0.9、

−0.8、−0.7、……としていって「相関なし」となったら0にすればOKです。

これがピアソンさんが考えた相関係数です。人間が感じる「2つの数字の関係の強さ」を、1から−1の数字で表しています。

この相関係数を使えば、先ほどの工数の説明変数に適したベスト3が選べます。つまり相関係数の絶対値の大きい3つの項目を使えばよいことになります。

■ 相関係数で説明変数を選ぶ

さあ、ここまでわかれば、実際に相関係数を計算してみましょう。

説明変数の候補はたくさんあります（だから相関分析をやっています）が、わかりやすくするために、図表2-6の4つについて考えてみます（もちろん100個でも200個でもできます）。ここには過去の工数と、それに対応する4つの数字が書かれています。

No	工数(人月)	画面数	入力項目数	データベース項目数	出力項目数
1	85	58	23	45	70
2	105	78	25	38	242
3	245	124	65	72	148
4	98	96	38	125	92
5	43	45	15	28	78
6	188	58	23	25	102
7	327	108	75	85	225
8	78	44	42	45	28
9	28	32	38	42	35
10	162	85	51	38	72

図表2-6

この計算ももちろんエクセルです。

エクセルの手順2-1「相関分析」

① 「データ」→「データ分析」→「相関」を選ぶ。
② 「先頭行をラベルとして使用」にチェックを入れる。
③ 「入力範囲」に図表2-6の「No」を除いた5列を表頭(工数、画面数、……)を含めて指定する。
④ 列が1つの項目になっているので「データ方向」で「列」にチェックを入れる。
⑤ 「OK」をクリック。

そうすると次のような表が出ます。

	工数(人月)	画面数	入力項目数	データベース項目	出力画面数
工数(人月)	1				
画面数	0.783800914	1			
入力項目数	0.76370344	0.70477341	1		
データベース項目数	0.32027142	0.63955875	0.508094681	1	
出力項目数	0.624595783	0.63720588	0.326201886	0.220218511	1

図表2-7　　→ この部分が工数との相関関係

ここでは工数を含めて5項目の相互の相関係数が計算されています。工数と各項目の相関係数は、点線の枠の数字です。画面数が0.78、入力項目数が0.76、データベース項目数が0.32、出力項目数が0.62です。ここから3つ選びましょう。画面数、入力項目数、出力項目数です。

この3つを説明変数として重回帰分析をすれば、見積工数の式が出ます。やり方は52ページのエクセルの手順1-6「重回帰分析」を参照してください。結果は図表2-8です。

第2章　生産の未来を読む

```
        回帰統計
重相関 R    0.870888543
重決定 R2   0.758446853
補正 R2     0.63767028
標準誤差    56.90179794
観測数              10
```

分散分析表

	自由度	変動	分散	観測された分散比	有意 F
回帰	3	60998.01235	20332.67078	6.279751	0.027888
残差	6	19426.88765	3237.814609		
合計	9	80424.9			

	係数	標準誤差	t	P-値	下限 95%	上限 95%	下限 95.0%	上限 95.0%
切片	-56.3871338	49.78778878	-1.13254947	0.300624	-178.213	65.4392	-178.213	65.4392
画面数	0.730190331	1.109567415	0.658085572	0.534902	-1.98482	3.445204	-1.98482	3.445204
入力項目数	2.411048578	1.409901557	1.710062924	0.138103	-1.03886	5.860953	-1.03886	5.860953
出力項目数	0.401949258	0.342675148	1.172974637	0.28526	-0.43655	1.240445	-0.43655	1.240445

図表2-8　→ ここを使う

したがって工数を計算する"式"は次のようになります。

見積工数（人月）
＝ 0.73 × 画面数 ＋ 2.4 × 入力項目数 ＋ 0.4 × 出力項目数 － 56

これで仕様（画面数、入力項目数、出力項目数）さえ固まれば、誰がやっても同じ見積工数となります。また営業は顧客に対して、仕様と見積金額を同時に詰めていくこと（この仕様ならいくら、ここを変えればいくら……）ができます。

■ まずは積分の準備

さあ、次は先ほど積み残したテーマ、見込生産の「いくつ作るか」という生産戦略を考えましょう。ここでは微積アプローチをとります。

これをやるには少し積分の準備が必要です。次のような例

を考えてみます。

　肥満度をチェックするために、X地区に住む40歳以上（男性）の人の体重を知りたいと思っています。しかし全員の体重を調べるわけにはいきませんので、健康診断に来た100人の体重をデータとして集めてみました。

　100個のデータのままではわかりづらいので、これを5kg単位に分けてカウントしてみました（これを度数といいます）。50kg以下、50〜55、55〜60、60〜65、65〜70、70〜75、75kg以上というランクです。

　この度数をヒストグラムというグラフで表すことにします。これもすべてエクセルでやります。

エクセルの手順2-2「ヒストグラム」

①100人の体重データをエクセルの1列に入れる。
②隣の1列に、ランク分けのためのデータを入れる（50、55、60、65、70、75と入れる）。
③「データ分析」から「ヒストグラム」を選ぶ。
④「入力範囲」に100人の体重データの列を、「データ区分」にランク分けのデータ（50、55、……）を入れた列を選ぶ。
⑤「グラフ作成」をチェックして「OK」を押す。

すると次のような表とグラフが出力されます。

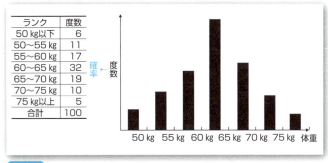

図表2-9

　70〜75kgの人は100人のうち10人となっています。全体の10％です。X地区で体重が70〜75kgの間にいる人は何％と考えるべきでしょうか？　どう考えても10％と予測するしかありません。

　それではX地区の人の中から1人選んで、その人の体重が70〜75kgに入る確率はいくつでしょうか？　これも10％と考えるしかありません。ということは、このヒストグラムの高さ（＝度数）は確率を表しているとも考えられます。

　ここで体重を調べる人数をもっと多くして、ランク分けを細かくしていくと図表2-10のようになります。

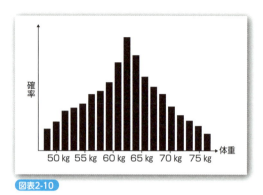

図表2-10

もっと進めましょう。

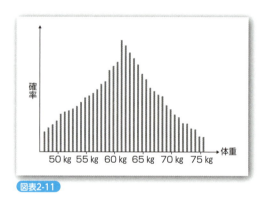

図表2-11

さらに人を増やしてランクを細かくしていくと、だんだん棒がつながっていきます。

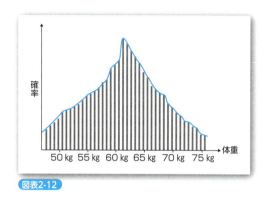

図表2-12

こうなると棒の意味があまりないので、これをとってみます。そうすると図表2-13のような「山形の曲線」が表れます。

縦軸は確率なので、これは体重に関しての確率曲線（数学っぽく難しくいうと確率密度関数）といえます。

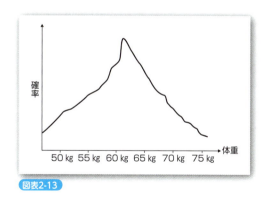

図表2-13

この曲線に70kgの所で線を引いてみます。この棒の高さは

何を表しているのでしょうか？

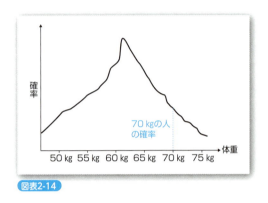
図表2-14

「高さ＝確率」でした。つまり70kgの人の確率です。でも、「ちょうど70kgの人」というのは考えづらいといえます（70.0001kgも、ちょうど70kgではないので）。つまり幅が必要となります。

図表2-15の青い部分の面積は？

第2章 生産の未来を読む

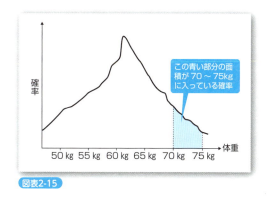

図表2-15

もうわかると思います。70〜75kgの人の確率です。

この面積はどうやって出すのでしょうか？

そう、26ページで説明した積分です。この山形の確率曲線を70kgから75kgまで積分した値です。

■ 山形曲線で考える

積分の計算はもちろんエクセルに頼るしかありません。ただエクセルを使うには、この確率曲線のパターンを決めて、エクセル側に教える必要があります。

数学では、この確率曲線にさまざまな曲線のパターンを用意しているのですが、ビジネスで使う時は正規分布という「山形」の曲線を使えば99％大丈夫です。"山形"とは「中心が盛り上がって、左右両側に下がっていく」というもので、図表2-13のような曲線のパターンです。ヒストグラムを作ってみて、山形になっていれば、この「山形」パターン（正規分布）と考えます。

91

もしヒストグラムが山形にならない時は、データ数が少ないと思われるので、データをもっとたくさん集めましょう。先ほどの体重の例なら100人ではなく1,000人集めることです。それでもだめな時は、同じ特徴（性別、職業別など）を持ったデータでやれば、きっと山形になると思います。

　この山形曲線（正規分布）には2つの特徴があります。

　1つは、その山形曲線が「平均を中心にして左右対称となること」です。これは、その値が平均より大きい確率と小さい確率が、ともに50％$\left(\frac{1}{2}\right)$ということを意味しています。

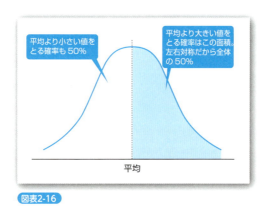

図表2-16

　2つ目は、「平均」と「標準偏差」（20ページのブレ）が決まると、山の形が1つに決まることです。山の形が1つになればエクセルで積分ができるようになります。

第2章 生産の未来を読む

■ エクセルで積分して確率を出す

では先ほどのX地区の体重の例に戻しましょう。仮に平均が55、標準偏差が15となったとします。

エクセルでは次のような青い部分の積分（面積）、つまり確率を計算してくれます。

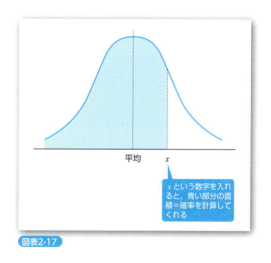

図表2-17

これを使ってX地区で体重が65kg以上の「太りすぎの人」の確率を出してみましょう。

図表2-17のようにエクセルでは「以下」しか出ないので、まずは「65kg以下の太りすぎでない人の確率」を出してみましょう。

エクセルの手順2-3「積分その1:数字入力」

①「関数の検索」の欄に「正規分布」を入れる。
②「関数」で「NORM.DIST」を選ぶ。
③「X」の欄に「65」、「平均」に「55」、「標準偏差」に「15」を入れる。
④「関数形式」の欄には「true」と入れる。
⑤「OK」をクリックする。

結果は「0.747……」と出ます。つまり75%です。したがって65kg以上の人の確率(=割合)は25%(100−75)となります。

では、体重が40〜60kgの人の確率は?

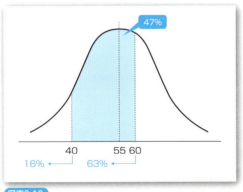
図表2-18

図表2-18でわかるように、60kg以下の確率(エクセルで計算すると63%)から40kg以下の確率(16%)を引けば47%と計

算されます。

　エクセルではもう1つの計算ができます。それは図表2-17で、「確率」からx（体重）を求める計算です。例えば「太りすぎの人を全体の10％」と設定すると、それは「何kg以上となるか」というものです。これも先ほどのように「太りすぎでない人」を考えます。90％です。

エクセルの手順2-4「積分その2：確率入力」

①「関数の検索」の欄に「正規分布」を入れる。
②「関数」で「NORM.INV」を選ぶ。
③「確率」に「0.9」、「平均」に「55」、「標準偏差」に「15」を入れる。

　そうすると「74.2……」と出ます。74kg以下が90％ですので、74kg以上が10％の太りすぎの人です。太りすぎを20％とすると「67.6……」と出ますので「68kg以上」となります。

■「いくつ作るか」に積分アプローチ

　さあ準備が終わりましたので、いよいよ「いくつ作るか」という、生産戦略への微積アプローチ（積分アプローチ）に入りましょう。
　次のようなケースで考えてみます。

ケース

　食品メーカーA社のB工場はコンビニ向けの弁当を生産している。B工場では主力のX弁当の生産量に悩んでいる。X弁当の売れ行きは順調であるが、店舗での欠品（品切れ）を恐れるあまり作りすぎて、売れ残りによる処分ロス（その日売れなかった弁当は捨てる）が利益を圧迫している。

　コンビニという巨大小売業と取引をするA社にとって、「1日何個作ればよいか」という「適切な生産量の算定」が最大の戦略テーマとなっている。

　佐藤さんはB工場の生産企画課のメンバーであり、X弁当についてこのテーマを担当することになった。

　佐藤さん「X弁当は昼食向けの平日限定販売なので、ここ2か月分の平日の販売個数を調べてみよう」

　これをエクセルに入れて平均、標準偏差をとると、次のようになった。

4/1	金	650
4/4	月	776
4/5	火	670
4/6	水	608
4/7	木	630
4/8	金	690
4/11	月	830
4/12	火	772
4/13	水	708
4/14	木	756
4/15	金	614
4/18	月	776
4/19	火	648

日付	曜日	販売量
4/20	水	672
4/21	木	716
4/22	金	668
4/25	月	652
4/26	火	636
4/27	水	708
4/28	木	576
5/2	月	552
5/6	金	668
5/9	月	710
5/10	火	668
5/11	水	590
5/12	木	652
5/13	金	756
5/16	月	728
5/17	火	678
5/18	水	616
5/19	木	736
5/20	金	652
5/23	月	576
5/24	火	690
5/25	水	618
5/26	木	620
5/27	金	744
5/30	月	656
平　均		675	←関数「AVERAGE」で計算
標準偏差		63.0	←関数「STDEV.P」で計算

図表2-19

佐藤さん「平均675個だから、675個作ればいいのかなあ」

　平均は675個ですが、675個を生産量とすると、図表2-19を見ればわかる通り、欠品の日がかなり多くなります。平均なのだから、販売量がそれより多い日とそれより少ない日があって、販売量が多い日は欠品となります。だからといって、図表2-19の中の最大販売の830個を生産量とすれば、売れ残り

は大量となってしまいます。しかも830個の日があるなら、831個の日があってもおかしくありません。そう考えていくと、絶対に欠品しない生産量など考えられません。

■ 積分で生産量を決める

こういう時には積分を使います。

まずは先ほどのようにヒストグラムを作ってみましょう。ランクはとりあえず「〜520、520〜560、…、840〜」というように40個区切りで作ってみましょう。

86ページの「エクセルの手順2-2」でやってみると、図表2-20のように出力されます。

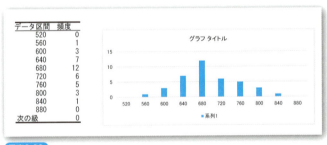

図表2-20

このヒストグラムはどこから見ても「山形」ですので、弁当の生産量は正規分布で考えてOKです。山の形を決めるためには平均と標準偏差が必要ですが、図表2-19でもう出しています。平均は675、標準偏差は63でした。

X弁当の1日あたりの販売個数の平均は675個です。675個を生産量とすると、欠品率（欠品する確率）は50％となります。つまり2日に1回欠品です。

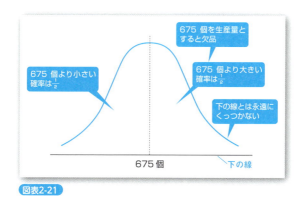
図表2-21

絶対欠品しないようにするには、この「山形の曲線」と「下の線」がくっついた所を生産量とする必要があります。しかし残念ながら下の線とはくっつきません。つまり欠品はなくすことはできません（先ほど述べました）。

欠品をなくすことはできないので、「どのくらいまで欠品を許すか」ということを考えなくてはなりません。これを確率で表したものを**許容欠品率**といいます。許容欠品率はケースバイケースで決めていくのですが、**10％、5％、1％**といった**キリのよい数字**を使います。

「許容欠品率10％」ということは「10日に1回欠品することは仕方がない」と考えるものです。しかし"需要"（コンビニでX弁当を消費者が買う量）のような「世の中で起きている一般的な

現象」は、数学が求める「正確な正規分布」を示すわけではありません。正規分布と仮定して計算すると、ほとんどの場合、現実より"少し大きめ"に欠品率が計算されます。欠品率を10%に設定すると、本来は10日に1回欠品するということですが、現実の世界では、もう少し欠品の回数は少なくなると思います。感覚的には「あまり欠品しない」という感じです。

5%（20日に1回）にすると「めったに欠品しない」という感じです。さらに厳しく1%（100日に1回）に設定するのは、「欠品は許されない」という状況が求められる時です。

許容欠品率を小さくしていくと、生産量は増えていきます。需要（販売量）は生産量を増やしても変わらないので、その増えた分だけ「売れ残る量も増えていく」ことになります。

ここでは許容欠品率を10%としましょう。そうなると図表2-22のようになります。

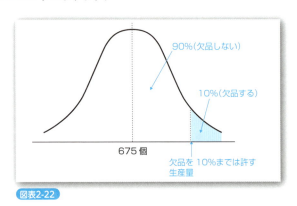

図表2-22

これをエクセル（NORM.INV）で計算します。95ページの『エクセルの手順2-4』に従って計算しましょう。確率は0.9（1 − 0.1）、平均に675、標準偏差に63を入れると、755と出ます。

この755個が許容欠品率10％の時の生産量です。つまり「あまり欠品しない」生産量です。

平均が675個ですので、生産量はこれより80個多くなっています。この80個を**安全在庫**といいます。1日平均675個しか売れない弁当を755個作れば、1日平均80個が売れ残ることになります。つまり安全在庫分は平均して売れ残るということです。

ここで許容欠品率を5％にしてみましょう。「めったに欠品しない」生産量です。確率の0.9を0.95に変えます。778個と出ます。こうなると安全在庫は103個となり、1日平均103個の売り残りが出てしまいます。

■ コンスタントを求めて生産量を落とす

最近のコンビニの中には、納入業者に99.9％の納品率（！）を目標にするようにいっている会社もあるそうです。つまり0.01％の許容欠品率です。これをエクセルで計算すると、X弁当の生産量は868個、安全在庫は193個です。しかし売れ残りが1日平均193個も出ては、廃棄ロスで利益が吹っ飛んでしまいます。

平均販売個数、許容欠品率が変わらない中で、売れ残り（安全在庫）を減らす方法はないのでしょうか？

ところで正規分布の形は平均と標準偏差によって決まるものでした。つまり平均が同じでも、標準偏差が違えば形は変わります。標準偏差（ブレ）の大きい場合と小さい場合で曲線の形がどう変わるかは直感でわかると思います。

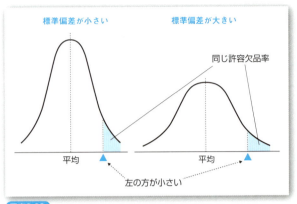

図表2-23

図表2-23の2つの正規分析を見てください。

左の方が「数字が中心に集まっている」ことがわかると思います。標準偏差は「平均との差」の平均です。つまり左の方の標準偏差が小さいことになります。

そして同じ平均、許容欠品率でも、左の方が生産量が小さくなることが直感できます。

実際に計算してみましょう。先ほどのX弁当の標準偏差は63でしたが、これを半分の31にすることができれば、どう変わるでしょうか。平均675、標準偏差31、許容欠品率10％の時の生産量は716個となります。安全在庫（売れ残りの平均）は41個です。

標準偏差63の時の安全在庫は80個でした。標準偏差が半分になると安全在庫は半分になっています。つまり安全在庫は標準偏差に比例するのです。だからブレをなくす努力をすれば、

許容欠品率を変えずに、生産量を減らし、売れ残りを減らすことができます。

では、標準偏差を小さくするにはどうしたらよいのでしょう。

例えば、曜日や天気によって売れ行きが違っているなら、曜日や天気ごとに生産量を変えればブレは小さくなります。またよく似たX弁当とY弁当の売れ行きが同じ（＝平均が同じ）で、Y弁当の方が標準偏差が小さいのなら、X弁当をY弁当に変えれば売れ残りが減っていきます。

コンビニ自身も、このようにして標準偏差を小さくすることで売れ残りを少なくしています（曜日や天気ごとに変える。コンスタントに売れるものを店に置く……）。そしてA社のような納入業者には99.9％の納品率を要求しています（らしい）。

もしA社が標準偏差をこのままで（ブレを小さくしないで）納品率99.9％に対応すると、先ほどのように安全在庫は実に193個となります。これは標準偏差63個の3倍以上です。この確率99.9％の状態をよく3シグマといいます。シグマとは標準偏差のことで、その3倍という意味です。つまり3シグマを超える確率は0.01％（1万回に1回）ということです。だからほとんど現実ではあり得ない状態のことを「3シグマを超える」と表現します。

販売力のあるコンビニと付き合っていくA社にとっては、生産量の適正化が最大の課題であり、いかにして需要の標準偏差を小さくしていくかが生産戦略のコアとなります。

プラスアルファ〜その②
対数アプローチ

「プラスアルファ〜その①」でやった「指数」を、反対から見たものを **対数** といいます。指数よりもさらに人工的なのですが、**人間の感覚に合っている数字** としてよく使われています。

対数というのは、例えば「2を□乗すれば8になるか？」という質問のことです。この質問を $\log_2 8$ と書き（logは英語の「logarithm」＝「対数」の略）、「**2を底**（ベースの訳ですが、あまりふさわしくありません。以後はこれを「ベース」と読みましょう）**とする8の対数**」と表現します。

$2^3 = 8$ ですので、先ほどの質問の答えは「3」です。

つまり $\log_2 8 = 3$ です。一般化して、$\log_n a = b$ の時、$a = n^b$ です。

これもエクセルのLOGという関数で、どんな底（ベース）でも計算してくれます。例えば $\log_2 8$ なら「数値」の欄に8、「底」の欄に2を入れると「3」と出てきます。

人類が最初に使った対数は「底を10とするもの」といわれています。そのためこれを **常用対数** といいます。常用対数は $\log_{10} 10 = 1$、$\log_{10} 100 = 2$、$\log_{10} 1000 = 3$ ですので、対象の数字（10、100、1000）を10倍すると1増えるものです。我々が普段使っている数字も10進法です。つまり10倍になると1上がります。だから常用対数は何となく人間の肌に合っているようです。

常用対数を使えば100万でも「6」、10億でも「9」、1兆だって「12」と表現できます。一方、$10^{-1} = \frac{1}{10}$、$10^{-2} = \frac{1}{100}$、……、$10^{-10} = \frac{1}{10^{10}}$…ですので、0.1は「−1」、0.01は「−2」、0.0000000001だって「−10」と表現できます。このように10を底とする常用

対数を使うと、極めて大きい数字と極めて小さい数字を比較したり、同じグラフで表現できます。

例えば「従業員の人数」で企業をランキングするとします。ここで10人以下を「ランク1」(零細企業)、100人以下を「ランク2」(中小企業)、1,000人以下を「ランク3」(中堅企業)、10,000人以下をランク4(大企業)、10,000人を超えるものを「ランク5」(超大企業)といった形で対数を使うと、極小から極大までうまくランキングできます。100人刻みや1,000人刻みよりもずっと"いい感じ"です。

音の大きさを表すデシベルという単位を聞いたことがあるでしょうか？　この「ベル」というのは10を底とする対数で、「デシ」というのはその10倍です。したがって2ベルから3ベルになると、音量は10倍となります。このベルを10倍したのがデシベルですから、30デシベルは20デシベルの10倍の音量です。つまり10倍になると10上がるのがデシベルです。この対数が人間の感じる音の"うるささ"にぴったりなので使われています。

地震(そのエネルギー量)によく使われるマグニチュードは、32を底とした対数を少し変形したものです。だからマグニチュードが1つ上がると、地震のエネルギーは32倍となります。底の「32」は、いろいろ試してみて、人間の感覚にもっとも合うものを探しました。

指数関数同様に対数関数というものがあります。$y = \log_n x$という形で表されるものです。$y = \log_2 x$なら、xが2倍になると、yは1増えます。これは、例えば「1号店を出して儲かっているので、以降毎年倍々ゲームで店を出していこう。100店、500店、2,000店突破には何年かかるだろう」といった時に使います。

店数をx、年数をyとすると$y = \log_2 x$となります。つまり100店を超えるのは、「$\log_2 100$」年です。これをエクセルのLOGで計算すると6.6……と出るので7年後です。500店は$\log_2 500 = 8.9$……で9年後、2,000店は$\log_2 2000 = 10.9$で11年後です。

$y = \log_2 x$をグラフで書くと次のようになります。このカーブを対数曲線といいます。

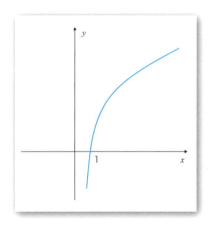

対数関数は、純粋な数学の世界では自然対数というものを主に使います。底がe（$= 2.7$……）というものです。eとは数学できちんといえば「e^xをxで微分してe^xとなる数字」ということです。要するに、微積に使うのに便利な対数です（自然対数ではなく人工対数のような気がしますが）。これをln（「ログ・ナチュラル」と読みます）で表現します。この後の126ページに出てきます。エクセルでは自然対数は「LN」という特別の関数（eを底として入れるわけにはいかないので）を使って計算してくれます。

第3章
販売の未来を読む

　さあ次は販売です。「販売」という世界では、すぐに「売れた、売れない」という"結果"が出るだけに、どうしてもその"結果"だけを見つめがちです。「過去を反省する」ばかりで「未来を読む」ということをあまりしません。それはすぐにその「未来の読み」が「当たった」「当たらなかった」という判定がつき、多くの場合「当たらなかった」となるからです。

　まあ「読み」が下手なこともありますが、未来はそう「当たる」ものではありません。私なら「当たらなかった」という人にこういいます。

　「当たらなければ未来を読まないのですか？」

　「未来を読まなければ、当たるようにはなりません」

　でも逆にいえば「販売」という世界には、これまで未来を読んでこなかったので「未来を読むネタ」がゴロゴロしています。そして第2章で述べた生産という世界よりも、この販売の方が「未来を読む」効果は大きいといえます。

　販売の世界で未来を読んで、まわりの人にちょっと差をつけてしまいましょう。

■ 何とか自分の考えを数字で証明したい

販売への最初の矢は確率アプローチです。次のようなケースで考えてみましょう。

> **ケース**
>
> 山田さんは菓子メーカーA社のセールスパーソンである。A社ではビールにぴったり合ったXというスナック菓子を開発したが、販売額は伸び悩んでいた。
>
> 山田さんは考えていた。「消費者はXがビールに合うことを知らないんだよな。小売の店頭でビールにXを付けて、セットにして売ってもらえれば、Xは当たり前だけど、ビールの売上も絶対に伸びると思うんだけどなあ。私が担当しているBスーパーで実験させてもらえればなあ。Bスーパーでそれが証明できれば全国の店に提案できるんだけどなあ」
>
> 山田さんはBスーパーC店のバイヤー[※1]に相談した。
>
> バイヤー「うちもビールの売上が伸び悩んでいて困ってるんだ。本部[※2]からも『何か考えろ』といわれていて手を打たなきゃと思うんだけど、打つ手が多すぎて、かえってどうしていいかわからない。セット販売ということだって、何とセットすべきかは難しいところだろう。ただ私がXでビールを飲んだ感じでは"いける"という印象はあるよね。よし、本部の了解をとって、トライアルをやってみようか」
>
> 山田さんはBスーパーのC店で、Xとビールのセット販売のトライアルを実施させてもらった。それは「4週間セット販売してみて、前4週間のバラ売りの350ml缶ビールの売上と

[※1] 商品の購買担当者。
[※2] 本部とはチェーンストアで各店舗をとりまとめる部門。

の違いを見る」というものであった。

　トライアルの結果、ビールの日販数（1日の販売数）は以下のようなものとなった。

	前4週間（バラ売り）	今回4週間（Xとセット販売）
1日目	95	103
2日目	96	101
3日目	97	100
4日目	97	98
5日目	98	97
6日目	99	95
7日目	100	94
8日目	98	94
9日目	99	95
10日目	100	96
11日目	101	97
12日目	103	97
13日目	103	98
14日目	104	99
15日目	87	94
16日目	88	95
17日目	88	96
18日目	89	97
19日目	90	97
20日目	91	98
21日目	91	99
22日目	98	100
23日目	97	101
24日目	95	103
25日目	94	104
26日目	92	106
27日目	91	107
28日目	89	109
平均	95.4	98.9

図表3-1

山田さん「前4週は1日あたり95.4本で、セット販売だと98.9本。3.7％の伸びか。まあセット販売の効果はあったんだよな。うちとしてはXがこれだけ売れてうれしいけど、Bスーパーからすれば、セット販売でやるにしても、うちのXじゃなくてもいいんだよな。3.7％の伸びくらいで説得できるか不安だな」

　山田さんの嫌な予感は的中した。Bスーパーのバイヤーの反応は次のとおりだった。

　「うちとしては少しでもビールの『伸び』を証明できるなら、これを全店舗でやりたいけど、結果を本部に話したら『3.7％の伸びなんて、たまたまじゃないの』と言われた。たしかにセット販売しなくても104本売れている時もあるし、Xとセット販売しても94本の時もある。必ずしも『効果がある』とはいえないんじゃないの」

　山田さんは心の中で思った。「たまたまか。でもそんなこといったらトライアルやった意味がないよなあ。いくら何でもXを付けただけでビールの売上が爆発的に伸びるわけないよなあ。何とかこの"たまたま"を取り払って『効果がある』といいたいなあ」

　このように「自分の考え」の正当性を、数字を使って相手に証明したいという局面はよくあります。しかもその相手がこのケースのように顧客だったり、上司であったりする時は、"ぐうの音も出ないような形"で相手を説得したいものです。そんな時に使うのが検定という確率アプローチです。

■ 検定は逆から攻める

まずは「検定」の基本的プロセスについて説明しましょう。

「Aである」という仮説が「正しい」(これが相手を説得したい内容)と証明したいとします。この時「Aではない」という仮説(これを帰無仮説といいます)を考えて、その「Aではない」が起きる確率を計算します。その確率が「極めて小さい時」には「そんな『めったに起きないことが起きた』と考えるのは不自然だ。だから『Aではない』と考えたのは間違いだ。つまり『Aである』と考える方が普通だ。したがって『Aである』を結論とする」というものです。

まあ、いっていることは回りくどいですが「Aが正しい」を証明したい時に、直接は証明しないで、「Aではない」が誤っているのだから「Aが正しい」と証明するものです。数学では背理法という名前を付けています。

ここで決めておかなくてはならないことは、上の「めったに起きない」という「極めて小さい確率」をどれくらいと考えるかです。数学の世界では5％、1％など"キリのよい数字"が使われます(99ページの許容欠品率でもそうしました)。この数字を棄却率といいます。5％ですと、100ページで述べたように、現実の世界では『めったに起きない』、1％にすると『まず起きない』という"感じ"です。販売など一般的なビジネスの世界では5％を使うのが普通です。より厳しい判断が求められる品質の世界では1％や0.1％なども使われています。

■ 検定という必殺技で相手を説得

さあ、検定をやってみましょう。

まず説得したい仮説は、Xをビールとセット販売すると「効果がある」というものです。したがって帰無仮説（否定して消してしまうのでこんな名前が付いたようです）は「効果がない」です。

「効果がない」ということは、前4週間も今回の4週間も「消費者の買い方に変化はない」ということになります。つまり「前4週間のビールの売上」も「今回の4週間のビールの売上」も「同じ母集団だ」（19ページの図を見てください）ということになります。

この同じ母集団から「前4週間」の28個のサンプル、「今回4週間」の28個のサンプルが選ばれて、「それぞれ平均が95.4、98.9になる確率がどれくらいあるか」を計算すればよいことになります。棄却率は5%にします。

この確率を計算してみましょう。

「どうやってやるのか」については、もう先人たちが答えを出しています。「平均に差があるか」というシーンは極めて多いので、このような場合はt検定というやり方がベストだと証明されています。まあ確率の計算方法の1つと思えば間違いありません。

この確率もエクセルで計算します。

エクセルの手順3-1「t検定」

①図表3-1の2組の28個のデータをエクセルに入れる。
②「データ」→「データ分析」の「分析ツール」から「t検定：等

分散を仮定した２標本による検定」を選ぶ。
③「変数１の入力範囲」に「前４週間」の28個のデータを、「変数２の入力範囲」に「今回４週間」の28個のデータを指定し、「OK」をクリックする。

こうするとエクセルでは次のような表が出力されます。

t検定:等分散を仮定した２標本による検定

	前４週間	今回４週間
平均	95.3571429	98.9285714
分散	25.2010582	16.4391534
観測数	28	28
プールされた分散	20.8201058	
仮説平均との差異	0	
自由度	54	
t	-2.9286301	
P(T<=t) 片側	0.0024885	
t 境界値 片側	1.67356491	
P(T<=t) 両側	0.004977	← これが求めたかった確率
t 境界値 両側	2.00487929	

図表3-2

　求めたかった確率は「P(T<=t)両側」というところに書いてある数字、「0.004977」です。つまり約0.5％です。棄却率は５％にしていました。0.5％はこれより小さいので、帰無仮説は「めったに起きない」（１％を下回っているので「ほとんど起きない」ともいえます）こととなります。したがって「それが起きたと考えるのは間違い」と判断されます。
　つまり元の仮説である「効果がある」＝「350mlの缶ビールにXを付けるとビールの売上が伸びる」が検定の結論です。

このように「平均にはっきりとした差がある」ことをよく「平均に有意差がある」といいます。有意差というのはなかなかおしゃれな表現です。仕事でも使ってみましょう。

　山田さんはBスーパーの本部に対して、次のようなプレゼンテーションを行いました。

　「今回C店で『350ml缶ビールにXを付けると売上は伸びるか』というトライアルにチャレンジさせていただき、結果はお手元のエクセルの表にある通りとなりました。Xを付ける以前の4週間の28個の日販数、Xを付けた4週間の28個の日販数について、t検定によって有意差があるかどうかを分析しました。その結果、この2つの日販数に有意差が見られました。細かくいえば、設定した棄却率5%に対して、実現確率は0.5%です。すなわちトライアル中の売上が"明らかに"伸びています。『ビールにXを付けると売上が伸びる』と判断するのが妥当と考えます」

■ どのあたりで実験をやめるか

　この検定というのはややこしい考え方ですが、極めて"キレが良い"ものであり、誰もこれに反論することなどできません。というよりも先ほどのようなシーンで、意見の異なる人(「効果があった」VS「たまたま」)が合意する時には、このやり方しか人類は思いついていません。「相手に納得してもらえるだろうか」などと悩まないで、迷わずこれを使いましょう。

　この「検定」というやり方にはいろいろなものがあるのですが、もう1つ"使い勝手の良いもの"を紹介しましょう。

第3章　販売の未来を読む

先ほどの菓子メーカーＡ社で次のようなケースを考えてみます。

> **ケース**
>
> 　Ａ社の販売促進部では、主力商品Ｙのパッケージの色を変えようかどうか悩んでいる。今の地味な緑から、店頭で目立つ赤へと変えたいと思っている。ただ効果がないのにやれば、パッケージを変えるコストが無駄金になってしまう。そこでＤスーパーの売場で、１日だけ実験させてもらうことにした。緑のパッケージのＹと赤のパッケージのＹを並べて売り、顧客がどちらを手に取るかを調べてみた。
>
> 　結果、Ｙを手に取った顧客は合計50人で、内訳は次のようなものだった。
>
> | 緑を取った人 | 赤を取った人 |
> | --- | --- |
> | 19人 | 31人 |
>
> **図表3-3**

この結果をもとに「赤の方が売上が伸びる」として「パッケージ変更」を提案すると、経営者は納得してパッケージ変更のカネを認めてくれるでしょうか？　「たまたまじゃないの」といわれないでしょうか？

109ページの図表3-1にあるような数字を計数値といいます。つまりその数値を測るものです。一方、図表3-3のように度数（何回起きているか）を測るものを計量値といいます。

計量値の検定には、カイ２乗（χ^2と書きます）検定というものを使います。名前は大それたものですが、たいして難しいも

のではありません。

先ほどのt検定と全く同じ考え方です。つまり緑を赤にすれば「効果がある」を仮説とすれば、「効果がない」が帰無仮説となります。「効果がない」ということは、消費者は「緑も赤も同じ」と考えるので、「どちらを取るか」という確率は、ともに$\frac{1}{2}$のはずです。したがって50人中、赤を取る人の**期待値**は25人、緑を取る人の期待値は25人です。

こういう状況で、緑が19人、赤が31人（この2つを**実測値**といいます）となる確率を求めればよいことになります。棄却率5％でやってみましょう。

ここで使われるのがカイ2乗検定で、これもエクセルで計算します。

エクセルの手順3-2「カイ2乗検定」

① 実測値「19、31」、期待値「25、25」をエクセルに入れる。
② 「関数の検索」で「カイ2乗」と入れて、「CHITEST」を選ぶ。
③ 「実測値範囲」に「19、31」、期待値範囲に「25、25」を入れ、「OK」をクリック。

こうすると確率は0.089……と出ます。つまり9％です。5％より大きいので帰無仮説が否定できません。つまり「赤でも緑でも同じ」ということが「間違いである」とはいえません。

ただ気をつけてほしいのは、「効果がない」ことを否定できな

第3章 販売の未来を読む

い（もちろん「効果がある」ことも否定できません）というだけのことで、「効果がない」が結論ではありません。このような確率が9％もあるので、「効果がない時であっても、こういう結果が出てもおかしくない」ということです。

要するにこのデータ（19人と31人）からは「赤にパッケージを変えると『効果がある』とは必ずしもいえない」ということです。

これではどう結論づけてよいかわからないので、Dスーパーにお願いして、もう1日やってみることにしました。結果は2日間合計で次のようになりました。緑を取る人と赤を取る人の比率は前回のトライアルとほとんど変わりません。

緑を取った人	赤を取った人
37人	61人

図表3-4

これで先ほどと同様にカイ2乗検定をやってみると（全部で98人ですので期待値は「49、49」です）、その確率は0.015……つまり1.5％で、棄却率5％より小さくなっています。

したがって帰無仮説が否定され、「効果がある」となります。つまり「パッケージを赤にすれば売上が伸びる」という結論です。

カイ2乗検定では、そのサンプル数が決め手となることが多いといえます。ただ、むやみやたらと実験ばかりやっていると、時間、コストがどんどんかかってしまいます。この検定という確率アプローチを使えば「どのあたりで実験をやめるか」もはっきりすることになります。

■ 合意できる販売目標を決めたい

さあ2つ目の矢を販売へ放ちましょう。統計アプローチです。次のようなケースで考えてみます。

> **ケース**
>
> A社は自動車向けのさまざまな商品を販売している。A社はドイツで開発された「自動車に取り付けるとカーナビ機能、音楽配信機能、燃費カウント機能などさまざまなサービスを受けられる」という新しいタイプのスマートフォン（スマホ）Xの独占販売契約を結ぶことができ、これをカーショップ、ガソリンスタンド、スマホ販売店などで販売していた。
>
> 発売から2年経ち、売れ行きも順調なため、大型カーショップとはバリューチェーン契約※を結ぶことを考えている。具体的には大型カーショップと月単位で目標台数を設定し、これを達成すれば、A社がカーショップに対してインセンティブ（報奨金）を支払うというものである。
>
> 高橋さんはA社の販売企画部に所属しており、このインセンティブシステムの担当となった。
>
> 高橋さん「インセンティブの額よりも目標販売台数をショップ側とどう合意するかだな。ショップ側は台数を1台でも少なく、うちは1台でも多くと考えるのが当然だ。合意点が見つかるかなあ」
>
> 高橋さんはXの最大販売量を上げているY店との契約から考えることとした。
>
> Xの発売後のY店での2年間の月別の販売数を調べてみた

※ バリューチェーンとは、メーカー、流通業者などが連携して顧客への提供価値を高めていこうというもの。

ら次のようであった。

月数	販売台数
1	420
2	640
3	880
4	960
5	1,024
6	1,168
7	1,420
8	1,580
9	1,792
10	1,768
11	1,825
12	1,890
13	1,925
14	1,903
15	1,968
16	1,889
17	1,989
18	2,008
19	2,040
20	2,120
21	2,145
22	2,220
23	2,234
24	2,265
平均	1,670

図表3-5

高橋さん「24か月の平均は1,670台か。23か月目が2,234台、24か月目が2,265台に比べると随分小さいなあ。まさか平均の1,670台を目標にするわけにはいかないよなあ。

> 当たり前か。Xの売上は伸びているんだもんなあ。でも平均以外にどうやって目標を決めたらいいんだ?」

■ 直線で明日を読む

　もう45ページでやった回帰分析がわかっているあなたなら、道筋は見えていると思います。**説明変数が「月数」で、被説明変数が「販売台数」の回帰分析**です。このように説明変数に「月」や「年」などの「時間」を使うものを**時系列分析**といいます。

　まずは45ページのようにプロットしてみましょう。

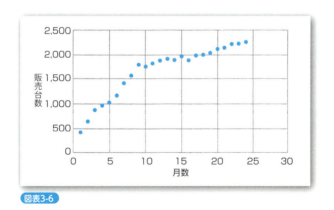

図表3-6

　こうして見ると、右肩上がりの直線のようなものが見えます。

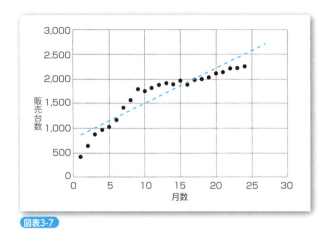

図表3-7

こう考えれば、後はエクセルで線を引いて式を作ってもらうだけです。

ただ今回の場合は、線を右側まで(未来まで)伸ばすので、少しだけエクセルのやり方が違います。

エクセルの手順3-3「時系列分析」

① プロット図のどこかの点にカーソルを合わせて右クリック。
② 「近似曲線の追加」を選ぶ。
③ 「近似曲線のオプション」で「線形近似」を選ぶ。
④ 「予測」の中の「前方補外」で3単位くらいを選ぶ(「この先、何か月分直線を引くか」というもの。「3単位」は「3か月」先まで直線を伸ばすことを意味している)。

⑤「グラフに数式を表示する」にチェックして「OK」をクリック。

そうすると次のように表示されます。

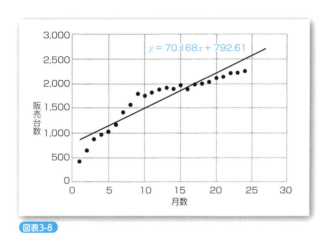

図表3-8

前にやったように「$y=70.168x+792.61$」という数式を使います。まあ、細かすぎても仕方ないので次のような式を採用しましょう。

25か月目の目標販売台数＝70×月数＋790

これで予測すれば、25か月目は70 × 25 + 790 = 2,540台となります。**この2,540台という25か月目の目標が、販売店との約束値として妥当**ということです。

26か月目以降も前月までの販売台数で回帰分析していけばよいことになります。

■ 曲線で明日を読む

このやり方でショップと目標設定していき、1年間が経ちました。しかしショップ側から「目標が高すぎてなかなか達成できない」というクレームが出ています。

なぜでしょうか？　その後の25〜36か月の販売台数の実績は次のようなものです。

月数	販売台数
25	2,264
26	2,195
27	2,278
28	2,315
29	2,268
30	2,310
31	2,295
32	2,328
33	2,335
34	2,390
35	2,315
36	2,405

図表3-9

図表3-5の24か月分に図表3-9の12か月分を加えて、36か月分のデータでプロットして、同じように線を引いてみます。

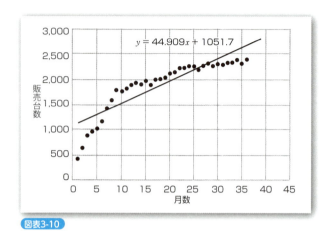

図表3-10

　たしかに直線の傾きが大きく、最近は点が直線の下に偏っている感があります(=「目標を達成していないのでインセンティブが出ない」)。

　プロット図に自分でイメージして線を引いてみるとすれば、次のような感じがGoodでしょう。

第3章 販売の未来を読む

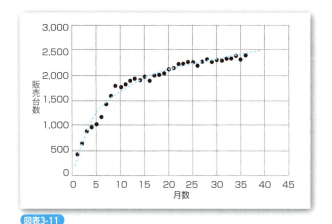

図表3-11

　直線ではなく、上のような曲線の方が合っている感じです。回帰分析は直線だけでなく、曲線でもやることは可能です。ただそのためには、「どんな線になるか」をまず人間が考えてみて、これをエクセルに教える必要があります（92ページの正規分析の山形のときと同じです）。

　もう1度、プロット図の点を右クリックしてみましょう。そこに「近似曲線のオプション」というものがあります。ここに直線とともにいくつかの曲線のパターンがあります。指数近似（67ページの指数曲線のこと）、対数近似（106ページの対数曲線のこと）……といったものです。この中から自らの引いた曲線に近いものを探しましょう。この場合は対数近似というのがぴったりのようです。

　では、これでやってみましょう。

エクセルの手順3-4「対数近似」

① プロット図の点を右クリックする。
② 「近似曲線の追加」を選ぶ。
③ 「近似曲線のオプション」から「対数近似」を選ぶ。
④ 「予測」の中の「前方補外」を「3」区間とする。
⑤ 「グラフに数式を表示する」にチェックをする。

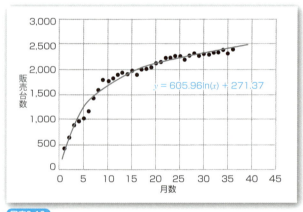

図表3-12

　点と線の距離を見ると、なんか「はまった」という感じです。
　このややこしい数式「$y = 605.96\ln(x) + 271.37$」を使って、37か月目を約束値とすればOKです。この式の中の「ln」とは106ページで述べた自然対数のことです。エクセルではLNという関数で計算できます。

予測式は次のようになります。

目標販売台数＝610×ln（月）＋220

　37か月目は、エクセルでLN（37）を計算すると（LNを選んで数値の欄に「37」を入れます）「3.6」ですので、610×3.6＋220＝2,416台となります。図表3-9を見てください。25か月目から36か月目がこの数字で、37か月目の予測値は2,440台です。目標としては「いい感じ」ではないでしょうか。

■ 予算はノルマでなく予測

　販売への3本目の矢は、微積アプローチです。
　販売という仕事にとって、もっとも大切な数字は予算です。「予算」とは「予め計算する」という意味です。だから予算はノルマではなく、「予測」という「未来を読む」ことです。予算を上司から与えられるノルマと考えると、販売を担当するセールスパーソンを「苦しめる数字」となります。予算を予測だと思えば、随分気は楽です。セールスパーソンから見れば、予測の根拠（どうやって予測するか）を上司と話し合えばよいことになります。
　販売における「予算」は、他のすべての"仕事の数字"の原点といえます。例えば工事会社で年間10億円の工事の受注が見込めると考え、販売予算を10億円に設定したとします。当然、この10億円分「工事をやるヒト」を準備しておく必要があります。予算を10億円として、8億円分しか工事を受注できなければ、2億円分のヒトが余ります。これでは人件費で赤字になってし

まいます。逆に12億円も工事を受注してしまうと、2億円分のヒトが足りなくて残業の嵐となり、コスト高となるだけでなく、過重労働、ブラック企業といわれてしまいます。

「販売の予算を決める」=「販売数字の明日を読む」ということは、あらゆる企業にとって、すべての仕事の出発点といえます。

■ 限界利益は利益を微分すること

予算を理解するには限界利益という考え方を理解する必要があります。この「限界」は英語の「マージナル」の訳で、「リミット」とは違います。マージナル（marginal）は、本来は"へりの"とか"端の"という意味で、そこから転じて「もうこれ以上小さくならない」という意味を持っています。

限界は経済学で最初に使われた言葉で、それがビジネスの世界にも伝わって、結構使われています。限界とは「あるものが1単位増えることで変わる量」のことです。だから限界利益※とは「あるものが1単位増えると増える利益」のことです。どこかで聞いたことがある表現でしょう。そうです。23ページの「伸び」であり、微分の原点です。限界利益とは「利益を微分すること」です。この限界という考え方が18世紀に経済学へ取り入れられて、経済学を数学へと一変させました。これを限界革命とよんでいます。あなたも限界利益を使って予算の革命を起こしてください。まずは簡単な例で理解しましょう。

A社ではXという機械を、1台8万円で仕入れて10万円で売っています。そして年間の経費が、1台も売れなくても100万円かかります。販売台数によって利益がどう変わるかをグラフ

第3章 販売の未来を読む

に表してみると次のようになります。

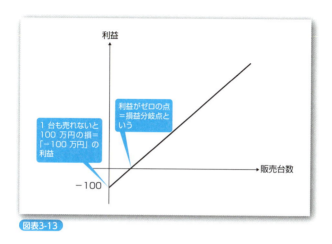

図表3-13

ここで販売台数が200台目あたりをズームしてみましょう。

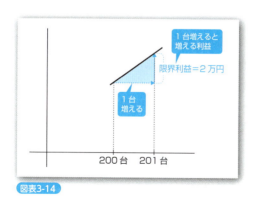

図表3-14

※ 限界利益はビジネスで使われている言葉ですが、いつの間にか数学(経済学)を知らない人が勝手に意味を変えてしまっています。会計の教科書に書いてある「売上ー変動費」といった定義は無視しましょう。もしそれを主張する人がいたら、そっとこの本を差し出してください。ぐうの音も出ないはずです。

200台売れている時、さらにもう1台売れると利益はいくら増えるでしょうか？

10万円売上が増えて、8万円費用が増えるので2万円です。この2万円が「限界利益＝1台増えると増える利益」です。

図表3-14の青い部分（限界利益を表している）は三角形となっています。ギリシャ文字でデルタ（△）は三角形なので、この部分をよくデルタといいます。$\frac{dy}{dx}$という不思議な文字を見たことがありませんか？　これは「yをxで微分する」という意味です。ではこのdは？　そう「デルタ（delta）」のdです。限界は微分（デルタ）そのものなのです。

■ 利益を販売台数に変える

ここまで来たら、いよいよ予算への微積アプローチです。

A社では、Xという機械で年間200万円の「目標利益」を出したいと考えています。販売のための経費予算は100万円と見積もられています。

Xの目標販売台数（＝予算）は何台にすればよいでしょうか？

まずはXを売ることで、経費予算100万円を回収しなくてはなりません。1台売って2万円利益が出るのですから、「100万円÷2万円＝50台」の販売が必要です（これが図表3-13の損益分岐点）。さらに販売台数を増やして利益200万円を出したいのですから、200万円÷2万円＝100台が必要です。つまり150台売れば利益200万円となります。目標販売台数は150台です。

利益200万円では現場の販売目標（＝予算）になりません。どうすれば、どこまで売れば、目標に達するのかがわからないか

らです。しかし150台を予算とすれば、目標がはっきりと見える化します。仮に75台売れば、予算達成率50％で"あと半分"、120台売れば120÷150＝0.8、つまり80％達成で目標まであと20％です。これを一般化すると、次のような「予算の式」になります。

（目標利益＋経費予算）÷限界利益＝目標販売台数

■ 利益を売上に変える

しかし、たった1種類の機械だけを売っている会社などほとんどありません。価格の違ういろいろな機械を販売している会社では、目標予算に販売台数を使うわけにはいきません。その場合はどう考えたらよいでしょうか？

ここでは限界の定義にある「1単位増える」の"単位"を「円」にすればOKです。つまり「1円売れば何円利益が出るか」です。これを限界利益率といいます。A社ではXを10万円売れば2万円利益が出るので、Xの限界利益率は2万円÷10万円＝0.2です。つまり1円売れば0.2円の利益が出ます。

この限界利益率を販売しているすべての機械で統一すればよいことになります。Yという機械は16万円で仕入れているのなら、販売価格を20万円とします。これでYを1台売れば4万円利益が出るので、限界利益率は4万円÷20万円＝0.2となり、Xと同じく1円売れば0.2円利益が出ます。

A社で、全社の経費予算が5,000万円、目標利益が2,000万円ならば、次のようにして目標売上を計算できます（先ほどの

Xの例と同じです。自分で考えてみましょう。5,000万円を0.2円ずつ売って回収し、2,000万円の利益をさらに出すために……）

$$(2{,}000万円 + 5{,}000万円) \div 0.2 = 3億5{,}000万円$$

こうして会社としての3億5,000万円の目標売上が設定されます。これは次のように一般化できます。

（目標利益＋経費予算）÷限界利益率＝目標売上

■ トップダウンとボトムアップをマッチングするのが予算

でもこのままこれを各セールスパーソンに配賦（わり当てること）したら、上から降ってきたノルマとなってしまいます。

予算の世界では、このトップダウンとともに、ボトムアップでもアプローチします。具体的には各セールスパーソンが自らの来期の売上を予測します。ここで何を使うかといえば統計アプローチです。118ページでやったように過去のデータで来期の売上を回帰分析で予測したり、この後の152ページでやるように自分の担当しているエリアのパイを考えて予測したり……ということです。この各セールスパーソンの予測売上を足し上げて、目標売上3億5,000万円と比較します。ここでは一般に「予測売上＜目標売上」となることが多いといえます（逆であれば予測売上を目標売上とします）。

この時は両者がイコールになるように「販売のやり方」を変え

ていきます。例えば「販売価格を下げてみる」といったことです。これによって予測販売台数は増えて、予測売上が増加します。ただ限界利益率が小さくなるので、目標売上も大きくなります。逆に価格を上げれば予測売上は小さくなるかもしれませんが、限界利益率が大きくなるので目標売上も小さくなります。あるいは「プロモーションを思い切ってやる」という手もあります。こうすることで予測売上は大きくなりますが、経費予算が大きくなることで目標売上も上がります。

　こうして販売予測に関するさまざまな要素を変えることで、何とか予測売上と目標売上の一致点を見つけるのが「予算」という仕組みです。つまり**現場の予測値と会社の目標値を一致させる努力をすること**です。もしどうしても一致しない時は予測売上を目標売上とするしかありません。「達成できない（予測できない）目標」を現場の予算として使うわけにはいきません。

　「目標」しか作らないとノルマになり、現場へは有無をいわせず「達成しろ」と指示することになってしまいます。この「目標必達」という圧力が、東芝という巨大企業を崩壊させてしまいました（新聞で読んだと思います）。東芝も「経営と現場がこの本を読んでくれていたら」と思います。

　皆さんの上司が目標を押し付けてきたら、何とかこの本を読んでもらうように交渉してください。私もビジネスコンサルタントとしてクライアント企業に、この「予算」という仕事のやり方をコンサルティングしてきました。これに誰も反論できるはずがありませんので、あなたも堂々とこれを主張してください。

■ 予算のバリエーション

ところで商品によって限界利益率が統一できなかったら、どうすればよいでしょうか？

例えばA社では機械の保守サービスもやっており、機械の販売とは限界利益率が全く異なる、という場合です。

この場合は、いわゆる**事業部制**をとるのが普通です。つまり「機械販売」と「保守サービス」を「別の会社である」と考えて（機械販売事業部と保守サービス事業部を作って）、それぞれが目標売上、経費予算、限界利益率を設定して予算を組むということです。

では販売量によって限界利益率が変わる場合はどう考えたらよいでしょうか？

例えばA社が機械を購入して販売するのではなく、自社で生産して売っている場合です。メーカーなら機械を作れば作るほど原価（先ほどの8万円）が下がっていくので、売上が増えると利益はダイナミックに増えていきます。グラフで書くと次のような感じです。66ページの指数曲線に似ています（**図表3-15**）。

ここでは売上の大きさによって限界利益率が異なっているのが直感できると思います。**売れば売るほど限界利益率は上がっていきます（図表3-16）。限界利益率はその曲線の伸び＝微分係数**ですので、**各点の接線の傾き**といえます。

ここでは例えば前期の売上が4億円だとすれば、来期も大体このあたりにあると考え、「4億円の時の微分係数＝前期の限界利益率」を来期の限界利益率として使います。

もし前期よりも来期の売上が大きく拡大していくと現場が予測したら、限界利益率を大きくして予算を設定していくことになります。

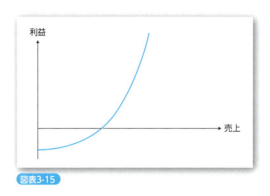
図表3-15

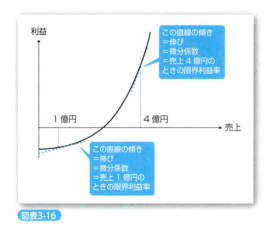
図表3-16

> プラスアルファ〜その③

ベクトルアプローチ

　数学の世界でいう**ベクトル**とは、**方向**と**数字**をセットで表したもので、よく下図のような矢印で表されます。矢の向きが「方向」、線の長さが「数字」を表現しています。

　この「方向」は左右方向（横軸）と上下方向（縦軸）に分解できます。

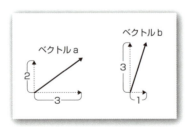

　上図のベクトルaは「右へ3、上へ2」動くことを意味します。これを(3, 2)と表わします。これをベクトルaの成分といいます。右側のベクトルbの成分は(1, 3)です。
　この2つのベクトルを足すとどうなるでしょう。

　ベクトルの和（**合成ベクトル**といいます）は「右へ4、上へ5」進んでいます。つまりa + b = (3, 2) + (1, 3) = (4, 5)です。**横と縦の成分を単純に足せばOK**です。

　ベクトルは平行移動しても同じものですので（「動く方向」と「動く量」だけを意味しています）、a + bは下図のようにも表現できます。aとbで平行四辺形（小学校でやりました）を作る感じです。

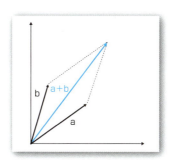

　ところで**キャリアプロセス**という言葉を聞いたことがありますか？会社に入ってから退職するまでの道筋のことです。未来

のキャリアプロセスを考えることを**キャリアプラン**といいます。22ページで述べたようなものです。これを微積ではなくベクトルでアプローチしてみましょう。

キャリアプロセスの基本は「仕事力」＝「仕事をやる力」です。

仕事力は2つの次元（51ページ参照）を持っています。**仕事のスピード**（速くできる）と**品質**（うまくできる）という2つです。このような2つの「次元」をグラフにするもので有名なのは**ポジショニンググラフ**（位置を表すグラフという意味）です。ただ「位置」は点ではよく見えないので、円（位置＝円の中心）で表現します。こうすれば「円の大きさ」も一緒に表現できますので、これを「やった仕事に対するリターン」＝「給与」とします。

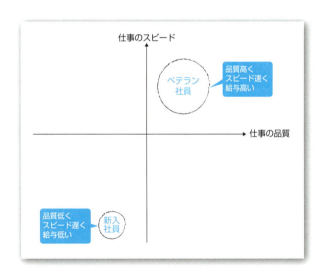

新入社員が仕事をしていくと(時が経つと)2つの自然ベクトルが働きます。つまり仕事をやることで、自然にスピードと品質が上がっていくものです。一般にスピードと品質を比較するとスピードの方が上がり方が大きく、品質はゆっくりと上がります。つまり新入社員には下図のような合成ベクトル(成長ベクトルといいます)が働きます。

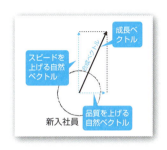

　成長ベクトルは、斜め上(やや上寄り)に向きます。このベクトルの長さが3年後の能力アップ分とすると、3年後は成長ベクトルの矢印の終点に円の中心が動きます。そしてその仕事のリターンに合わせて給与が3年分上がります。これがキャリアプランとよばれるものです。

　このポジショニンググラフとベクトルの組み合わせは、戦略、マネジメントなどで未来を読む時には本当によく使われています。

　ただよく考えてみると、これは仕事のスピード、品質、そして給与という3次元で考えています。そうなると、もう1つ「給与を上げるベクトル」があるはずです。これを表現するには3次

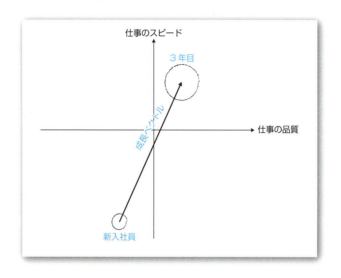

元ですので、52ページのように **3次元（立体）の世界で考えること が必要**です。ここでは円が球になります。給与を上げるベクトルは「球を大きくする」ものです。そしてこの「仕事のスピード」、「仕事の品質」、「仕事のリターン」（給与）という3つの自然ベクトルを合成することができるはずです。

　しかし残念ながら、現在のオフィスワークでは紙などの2次元で考えています。したがって2次元の平面グラフで表すことしかできません。早く3Dプリンターのように3次元空間が見られるツールが出てくることが待たれます（しかし私のような年寄りは頭が平面なので立体が思い浮かばず、ついていけないかもしれませんが……）。

第4章
顧客の未来を読む

　現代はモノが売れない時代といわれています。このモノの売れない時代に注目されているのがマーケティングです。つまりビジネスをマーケット中心に考えるというものです。

　このマーケットには自社を中心として、商品、顧客、ライバルといった要素が存在します。商品については第1章の商品開発、第2章の生産で考えました。また自社については第3章の販売の中で考えました。残っているマーケティングの要素は2つです。すなわち顧客とライバルです。前者を中心に考えることをカスタマーマーケティング、後者を中心に考えることを競争マーケティングといいます。

　本章ではこの顧客について、次章ではライバルについて未来を読んでいきます。

■ 顧客はどれくらい待っているのか

例によってまずは確率アプローチです。ここでは顧客へのサービスについて次のようなケースで考えてみましょう。

> A社は消費者向けにユニークなキッチン道具を販売している。そのため顧客から商品の使い方に関する問い合わせが多い。A社のWebサイトにも使い方は書いてはあるのだが、どうしても顧客が商品を使いながら直接説明を受けることも必要なので、カスタマーサービスセンターという組織を作って、電話で対応している。
>
> 現在、このセンターには電話対応のオペレーターが5人いる。オペレーター全員が対応している時でも電話はつながるのだが、「しばらくお待ちください」のメッセージが流れる。
>
> A社のWebサイトには、サービスセンターがいつも「待ち」だとクレームが上がっている。A社としてはオペレーターの増員を考えているのだが、何人くらい必要かがよくわからない。また、そもそも「待っている」といっても、顧客が何分くらい待っているのかもよくわからない。

こんな時は確率アプローチの待ち行列という数学のモデルを使います。このモデルは「客が窓口に来て、ある一定のサービスを受けて、終わると出ていく。客は窓口がサービス中の時は行列を作って待っている。この行列の長さと待ち時間を予測する」というものです。まさに上のケースのようなシーンで使

われるものです。

■ コンビニのレジで考える

　まずは例によって簡単な場合から考えます。
　「コンビニの1台のレジ（上でいう窓口）に客が来て、そこでサービス（精算、支払い）を受けて、レジから出ていく」というもので、コンビニのレジの待ち行列です。
　待ち行列の確率モデルにはさまざまなものがありますが、ここではもっとも使い勝手の良いものだけを紹介します。ビジネスで待ち行列を使う時はこのやり方だけで十分です。
　このモデルでは、たった2つの数字だけを使って予測します。
　1つは**客の到着に関する数字**です。客がたくさん来れば「待ち時間」が増えて「行列」が長くなるのはわかると思います。この到着数字を「単位時間あたりに客が平均何人来るか」＝「到着人数」という形で表します。コンビニのレジであれば、単位時間は"分"が適切でしょう。例えばあるコンビニでは、昼食時（11時30分から13時30分まで）の客の到着が、2時間で平均72人来るとします。すると72人÷120分＝0.6（人／分）、つまり1分あたり0.6人がレジに到着しています。この0.6が**到着人数**です。
　もう1つの数字は**サービスのスピード**です。レジのスピードが速ければ待ち時間は減り、行列は短くなります。このスピードを「単位時間あたりにサービスできる客の平均人数」＝「サービス人数」で表現します。先のコンビニでレジが1時間（60分）あたり平均42人をサービスしているとします。そうすると1分あたりのサービス人数は42÷60＝0.7人です。この0.7が**サービス**

人数です。ここで

$$\frac{1}{サービス人数}は、窓口での平均の「サービス時間」$$

を表しています。$\frac{1}{0.7} = 1.4$分（1分24秒）がレジのサービス時間です。逆にいえば1人の客を1分24秒のサービス時間でこなしていけば、1分あたり0.7人、1時間あたり42人をサービスできます。

この2つの数字（到着人数、サービス人数）を使って、窓口での「行列の長さ」「待ち時間」を予測します。

まずは利用率というものを計算します。これは客が到着した時に、窓口が埋まっている確率（窓口が利用中の確率）です。先のレジであれば1分間に0.6人到着し、1分間に0.7人レジから出て行くので、レジが利用中の確率は$\frac{0.6}{0.7} = \frac{6}{7}$となります。

わかりますよね。到着人数が10人でサービス人数が20人なら、窓口が埋まっている確率は$\frac{1}{2}$です。直感的です。一般化すれば

$$利用率 = \frac{到着人数}{サービス人数}$$

となります。だから客の到着が増えると待つ確率（利用率）は大きくなり、サービススピードを上げると（サービス人数を上げると）待つ確率は小さくなります。納得できると思います。

ここでもし利用率が1以上になると、窓口は処理不能です。到着人数の方がサービス人数より大きければ、行列はどんどん長くなってしまいます。この時はレジをもう1台増やさないと大変なことになります（昼休みが終わってしまいます）。

第4章　顧客の未来を読む

　最初のテーマは「待っている人の人数の平均」（＝「行列の長さ」）です。これについて数学者たちは次のようなことを証明しています。この人生を賭けた数学者の努力に敬意を表して、我々もこれを使うことにしましょう（この数学者の1人に私は大学で直接教わりました）。

$$\text{行列の長さ} = \frac{\text{窓口が埋まっている確率}}{\text{窓口が空いている確率}} = \frac{\text{利用率}}{1-\text{利用率}}$$

コンビニの例でいえば、「利用率」が $\frac{6}{7}$ でしたので、空いている確率（利用していない確率 $1-\frac{6}{7}$）は $\frac{1}{7}$ です。つまり $\frac{\frac{6}{7}}{\frac{1}{7}}$ ＝6（人）です。「行列の長さ」、すなわち待っている人は平均6人です。

　この行列の長さの式はなかなか便利です。窓口が埋まっている確率が50％なら $\frac{0.5}{1-0.5}=1$ 人、80％なら $\frac{0.8}{1-0.8}=4$ 人、90％なら $\frac{0.9}{1-0.9}=9$ 人、……と増えていき、100％以上なら待ち行列は延々と続くことになります。

　次のテーマは平均の<u>待ち時間</u>です。先のコンビニで「行列の長さ」は6人でした。ある人がレジに来ると、平均6人並んでいます。この人は、この6人のサービスが終わるまで待っていることになります。ということは、この「待ち時間」は「行列の長さ」※に「サービス時間」をかければよいことになります。レジのサービス時間は $\frac{1}{0.7}=1.4$ 分でした。したがって6人×1.4分＝8.4分、つまり8〜9分くらいが平均の「待ち時間」です。

※　すごく細かいことをいえば、窓口でサービス中の人もサービスが残っている分だけ（50％サービスを受けていれば0.5人）「行列の長さ」にカウントされている。

■ レジをもう1台あけるとどうなるか

しかし8分も9分も昼休みに待たせていては、いくら何でもサービスが悪すぎます。そこでこのコンビニでは、昼休みにはレジをもう1台開けることにしました。これで顧客サービスはどれくらい変わるのでしょうか？

窓口数 利用率	1	2	3	4	5
0.05	0.053	0.003	0.000	0.000	0.000
0.10	0.111	0.010	0.001	0.000	0.000
0.15	0.176	0.023	0.004	0.001	0.000
0.20	0.250	0.042	0.010	0.003	0.001
0.25	0.333	0.067	0.020	0.007	0.003
0.30	0.429	0.099	0.033	0.013	0.006
0.35	0.538	0.140	0.053	0.023	0.011
0.40	0.667	0.190	0.078	0.038	0.020
0.45	0.818	0.254	0.113	0.058	0.033
0.50	1.000	0.333	0.158	0.087	0.052
0.55	1.222	0.434	0.217	0.126	0.079
0.60	1.500	0.563	0.296	0.179	0.118
0.65	1.857	0.732	0.401	0.253	0.173
0.70	2.333	0.961	0.547	0.357	0.252
0.75	3.000	1.286	0.757	0.509	0.369
0.80	4.000	1.778	1.079	0.746	0.554
0.85	5.667	2.604	1.623	1.149	0.873
0.90	9.000	4.263	2.724	1.969	1.525
0.95	19.000	9.256	6.047	4.457	3.511
0.98	49.000	24.253	16.041	11.950	9.503

窓口2つで利用率0.45の時の「行列の長さ」は「0.254」

まずは利用率を計算します。窓口が2つになれば、利用率（窓口が埋まっている確率）は「窓口1つの時の$\frac{1}{2}$」になります。3つの時は1つの時の$\frac{1}{3}$（2つの時の$\frac{2}{3}$）、4つなら$\frac{1}{4}$です。このコンビニのレジ1台の時の利用率は$\frac{6}{7}$でしたので、2台にすればその半分、$\frac{3}{7}$となります。

この利用率と窓口数が決まると「行列の長さ」を求めること

利用率＼窓口数	6	7	8	9	10
0.05	0.000	0.000	0.000	0.000	0.000
0.10	0.000	0.000	0.000	0.000	0.000
0.15	0.000	0.000	0.000	0.000	0.000
0.20	0.000	0.000	0.000	0.000	0.000
0.25	0.001	0.000	0.000	0.000	0.000
0.30	0.003	0.001	0.001	0.000	0.000
0.35	0.006	0.003	0.002	0.001	0.001
0.40	0.011	0.006	0.004	0.002	0.001
0.45	0.020	0.012	0.008	0.005	0.003
0.50	0.033	0.022	0.015	0.010	0.007
0.55	0.053	0.037	0.026	0.019	0.014
0.60	0.082	0.059	0.044	0.033	0.025
0.65	0.124	0.093	0.071	0.055	0.044
0.70	0.187	0.143	0.113	0.091	0.074
0.75	0.281	0.221	0.178	0.147	0.123
0.80	0.431	0.347	0.286	0.240	0.205
0.85	0.693	0.569	0.477	0.408	0.353
0.90	1.234	1.029	0.877	0.761	0.669
0.95	2.885	2.441	2.110	1.855	1.651
0.98	7.877	6.718	5.851	5.178	4.641

図表4-1

ができます。先ほどの数学者たちが、世のため人のために、ちゃんと計算しておいてくれました。それが図表4-1です。

利用率は$\frac{3}{7}$ = 0.428……ですので、窓口2で0.428に近い「0.45」（少し待ち時間が大き目に出るように、0.40でなく0.45を選んでいます）を見ると0.254 = 0.25です。これが「行列の長さ」です。これにサービス時間をかけると待ち時間が出ます。レジのサービス時間は1.4分でしたので、0.25 × 1.4 = 0.35分（21秒）です。つまりほとんど待たなくてすみます。

0.35分ほど待ってから、1.4分でサービスを受けて出ていくので、レジに着いてから精算が終わるまで1.75分、つまり2分くらいとなります。レジ1つでは8.4分 + 1.4分 = 10分であり、サービスはかなり改善されます。もっといえば、レジを3つにしても並んでいる時間はなくならないので（レジ2つでも待っている時間は秒単位なので）あまり改善できません。レジのサービススピードを上げるしかありません。

もう少しコンビニのレジで遊んでみましょう。先の例では客が1列に並んでいることを考えています。これが2つのレジにそれぞれ並んだらどうなるでしょうか？

2台にした時、1つのレジに着目すると客の到着人数は1台の時の$\frac{1}{2}$になります。つまり1分あたり0.6 ÷ 2 = 0.3人です。サービススピードは変わらないので、サービス人数は0.7人です。したがって利用率は$\frac{0.3}{0.7}$ = 0.43です。

窓口1つでの「行列の長さ」は、$\frac{窓口が埋まっている確率}{窓口が空いている確率}$ですので、$\frac{0.43}{1 - 0.43}$ = 0.75となります。

待ち時間は0.75 × 1.4分 = 1.05……（分）、ほぼ1分です。1列に並んだ時は0.35分でしたので、2列の時の約$\frac{1}{3}$です。ただ、

そもそも待ち時間が小さいので、あまり変わりません。まあこれなら1列に並ばせるまでもないかもしれません。しかし待ち時間が30分(2列)と10分(1列)なら同じ$\frac{1}{3}$でも効果はあります。長く待たせる携帯電話会社のサービス窓口が整理券を出して、行列を1列にするのもわかります。

■ さあオペレーターを何人にするかを決めよう

いよいよ先ほどのカスタマーサービスセンターに戻りましょう。ここで「待ち行列モデル」を使うには、平均の到着人数と平均のサービス人数を調査しなくてはなりません。

調査したところ、顧客からの電話は1時間に平均10本かかってきていました。つまり1分あたりの「到着人数」は10÷60(分)＝$\frac{1}{6}$人です。一方、オペレーターの平均通話時間(先ほどのサービス時間)は30分でした。したがってサービス人数は$\frac{1}{30}$人です。オペレーターは5人、つまり窓口は5つです。

利用率は$\frac{到着人数}{サービス人数}\times\frac{1}{窓口数}$でした。

計算すると以下のようになります。

$$\frac{\frac{1}{6}}{\frac{1}{30}}\times\frac{1}{5}=\frac{30}{6}\times\frac{1}{5}=1$$

つまり、このカスタマーサービスセンターの利用率は1となり、サービス不能です。待ち行列は延々とつながり、大切な顧客がイライラして電話を切ってしまい、怒らせていることになりま

す。これでは、Webサイトにクレームがどんどん来てもおかしくありません。

ではオペレーターを1人増員してみましょう。利用率は窓口5つを6つにすると$\frac{5}{6}$となります。だから6人の時の利用率＝$\frac{5}{6}$＝0.83……です。つまり80％以上の確率で「しばらくお待ちください」というメッセージが流れます。この「しばらく」はどれくらいでしょうか？

図表4-1で窓口6の0.85（0.83の近く）の所を見ると0.693、約0.7です。つまり0.7人が「行列の長さ」です。待ち時間は30分（サービス時間）×0.7＝21分です。つまり、平均約20分待ちます。「この待ち時間では長い」と思うなら、オペレーターを7人にしましょう。

利用率＝$\frac{5}{7}$＝0.71……です。つまり約70％の確率で待つことになります。図表4-1で窓口7、0.7を見ると0.143です。待ち時間は30分×0.14＝4分くらいです。6人から7人に増員すると、21分から4分へと劇的に減ります。

4分でも「待ち時間が長い」なら、8人にしましょう。利用率＝$\frac{5}{8}$＝0.625、これでも60％の確率で待ちます。窓口8、利用率0.65を見ると0.071ですので、30分×0.071＝2分くらいです。ただ30分のサービスを受けるのに、4分から2分への削減は、それほど劇的という感じはしません。**オペレーターは7人くらいが妥当**かもしれません。

しかしコンビニの時と違い、サービススピードを上げる（急いで対応する）のは難しいといえます。したがって顧客が待つのは仕方ありません。待っている時間に何か顧客に役立つような商品のメッセージなどを流すのも1つの手でしょう。

この待ち行列モデルは、ビジネスでの利用範囲はかなり広いと思います。

■ ポテンシャルパイさえわかれば

　カスタマーマーケティングの基本は、エリアマーケティングとよばれるものです。これに統計アプローチでチャレンジしましょう。

　エリアマーケティングとは、マーケット（顧客）をエリア（地域）に分け、そのエリアごとにマーケティング戦略を考えていくものです。支店、営業所といった組織をとっている企業は、このエリアマーケティングを採用しているといえます。

　エリアマーケティングではポテンシャルパイというものがベースとなっています。これは、そのエリアの顧客が潜在的に持っている需要（＝パイ）のことです。ペットボトルの飲料であれば、その地域が求めている飲料のボリュームであり、人口や気温によって生まれる「のどの渇き」といった顧客のニーズから自然に発生するものです（これを潜在＝ポテンシャルと表現しています）。

　ただ、のどが渇いても、近くに売店や自動販売機がなければ飲料を買うことはできません。実際にその地域で購買されたパイのことを実パイといいます。この実パイをペットボトル飲料メーカーの各社が分け合っていると考えます。これがシェア（分け合う）です。

　エリアマーケティングでは、実パイは調査すればわかります。各社が売った販売量の和です。そして実パイがわかればシェア

がわかります。しかしポテンシャルパイは、何らかの形で予測するしかありません。買いたかった人や買わなかった人の飲みたかった量など調査のしようがありません。

このポテンシャルパイが予測できれば、パイ顕在率（実パイ÷ポテンシャルパイ）がわかります。このパイ顕在率が高ければ、その地域にはペットボトル飲料が行き渡っていることになります。こうなるとシェア争いです。ここから先は第5章のライバルの所でやりましょう。

一方、パイ顕在率が低ければ、ビジネスチャンスを逃している顧客がたくさんいることになります。だからその地域は狙い目です。この地域を早く見つけて、そこに力を入れていくのがエリアマーケティングの本線です。そしてそれが顧客にも幸せ（飲みたいと思っている人が飲料を手にできる）をもたらします。これがカスタマーマーケティングです。

■ ポテンシャルパイを重回帰する

ポテンシャルパイの予測を、次のようなケースで考えてみましょう。

> **ケース**
> A社は「血圧を下げる効果がある」といわれているカリウムを含むミネラルウォーターXを昨年新発売した。発売後1年間で売れ行きを伸ばしてきたが、これを見たライバル社が追随して同様の商品をぶつけてくることが予想されている。
> A社では、ポテンシャルパイによる顕在率をベースとして、

重点エリアを選定していくこととした。そのためにはエリアごとのポテンシャルパイの予測が必要である。

　A社では全国に100以上ある営業所の商圏をエリアとして設定し、すでにXの伸びが止まっている20営業所をピックアップした。この営業所の商圏内のパイ顕在率を100%と考え、ここで販売したXの販売量（＝実パイ）を、そのエリアのポテンシャルパイと考えた。そしてこれをベースとして残りの各エリア（各営業所）のポテンシャルパイを推定し、これに基づいて販売目標を設定していくこととした。

　山田さんはA社のカスタマーマーケティング本部の一員であり、Xのエリアマーケティングを担当することになった。

　山田さん「20の各エリアの販売量はわかっている。これをポテンシャルパイと考えるわけだ。このエリアはパイを食べきった状態だな。パイの単位としては週間平均販売本数でいいよな。ただ、何を使ってその他のエリアのパイを読むかだな。考えられるのはエリアの人口か。それとXなんだからキーは血圧だよな。血圧は50歳くらいから気になるだろうから、50代以上の人口も関係してるかな。それに病院の数も関係ありそうだな。後は血圧計の保有率かな。よし、リサーチ会社に頼んで各地域のデータを調査してもらおう」

　リサーチ結果は次のとおりだった。

地域No	ポテンシャルパイ	エリア内人口	50代以上人口	病院数	血圧計保有率(%)
1	84,356	212,862	64,505	30	17
2	108,256	328,541	87,526	25	13
3	77,962	172,362	63,262	19	10
4	123,425	618,391	112,562	8	16
5	88,225	346,681	82,562	25	5
6	178,256	599,340	212,562	8	32
7	92,586	285,849	82,562	16	11
8	134,567	571,650	12,562	23	27
9	110,376	355,236	92,562	17	17
10	108,564	496,598	86,851	23	11
11	128,564	487,118	108,564	32	13
12	124,362	611,435	94,526	43	10
13	110,567	447,603	99,826	5	18
14	86,261	216,428	72,456	34	23
15	106,382	255,090	92,356	22	24
16	120,356	303,514	112,862	17	25
17	98,889	191,040	52,362	13	24
18	112,624	523,508	90,862	34	10
19	76,256	91,058	38,456	13	12
20	108,562	154,140	42,562	15	31

図表4-2

　さあポテンシャルパイの式を作りましょう。77ページのケースでやったからもうわかると思います。

　まずはポテンシャルパイとエリア内人口、50代以上人口、病院数、血圧計保有率の相関係数を、エクセルで出してみましょう。

第4章 顧客の未来を読む

	ポテンシャルパイ	エリア内人口	50代以上人口	病院数	血圧計保有率(%)
ポテンシャルパイ	1				
エリア内人口	0.761600039	1			
50代以上人口	0.664361909	0.497279023	1		
病院数	-0.142312331	0.129098487	-0.184113533	1	
血圧計保有率(%)	0.484134206	-0.058429865	0.129314055	-0.3736972	1

図表4-3 ➡ ここを使う

　ポテンシャルパイとの相関は、エリア内人口が0.76、50代以上人口が0.66、病院数が−0.14、血圧計保有率が0.48でした。そこでポテンシャルパイの説明変数としては、エリア内人口、50代以上人口、血圧計保有率とします。さあ重回帰分析です。

```
回帰統計
重相関 R      0.957248161
重決定 R2     0.916324041
補正 R2       0.900634798
標準誤差      7372.882197
観測数        20

分散分析表
           自由度    変動          分散         観測された分散比   有意 F
回帰         3    9524516835   3174838945   58.40460746    7.71908E-09
残差        16    869750270.3  54359391.89
合計        19    10394267105

              係数          標準誤差       t           P-値         下限 95%      上限 95%     下限 95.0%    上限 95.0%
切片         36656.43458   5838.829579   6.278044955  1.1009E-05   24278.66881  49034.20034  24278.66881  49034.20034
エリア内人口    0.090264211  0.011655213   7.744535586  8.42701E-07  0.065556264  0.114972159  0.065556264  0.114972159
50代以上人口   0.162664757  0.049763891   3.268730648  0.004826919  0.05717002   0.268159494  0.05717002   0.268159494
血圧計保有率(%) 1470.701773   222.788976    6.601322022  6.09289E-06  998.4102426  1942.993304  998.4102426  1942.993304
```

図表4-4 ➡ ここを使う

　したがって、次のような式が得られます。

　エリアのポテンシャルパイ＝0.09×エリア内人口＋0.16×50代以上人口＋1500×血圧計保有率＋37000

■ 定性データだって数字にする

　しかし、山田さんが営業企画部長にこの説明を行った所、次のようなコメントがありました。

155

「この数字を営業所の予算のベースとして使うには、もう少し説得力がほしい。そうでないと営業所長たちが納得しない。もっと地域特性みたいなものを加味してほしい。Ｘはミネラルウォーターなんだから、その地域の『水道水がおいしいかどうか』が関係していると思う。水道水が『おいしい』と『買う意欲』が薄れるよな。それとその地域のイメージも大きい。『都会っぽいか、田舎っぽいか』だ。都会の方が買いそうだよな」

　数字になっていないものを、よく**定性データ**（数字になっているものは**定量データ**）といいます。定性データは重回帰分析では使えないのでしょうか？
　そんなことはありません。**数量化**という手法があります。まあ「数量化」といっても大したものではなく、数字になっていないものを「何らかの形で数字にする」だけのことです。
　山田さんは「水道水がおいしいか、まずいか」、「都会っぽいか、田舎っぽいか」を、ポテンシャルパイの予測に使うことに挑戦しました。
　そこでリサーチ会社に依頼して、各エリアの水道水を飲んでもらい、水道水がおいしい地域には「1」を、まずい地域には「0」を付けてもらうことにしました。同様にリサーチ会社の人にその地域に行ってもらい、「都会っぽい」と思えば「1」を、田舎っぽい（都会っぽくない）と思えば「0」を付けてもらうことにしました。
　結果を先ほどの表に足すと次のようになりました。

第4章　顧客の未来を読む

地域No	ポテンシャルパイ	エリア内人口	50代以上人口	血圧計保有率(%)	水道水のおいしさ	都会らしさ
1	84,356	212,862	64,505	17	1	0
2	108,256	328,541	87,526	13	0	1
3	77,962	172,362	63,262	10	1	0
4	123,425	618,391	112,562	16	0	1
5	88,225	346,681	82,562	5	1	0
6	178,256	599,340	212,562	32	0	1
7	92,586	285,849	82,562	11	1	0
8	134,567	571,650	12,562	27	0	1
9	110,376	355,236	92,562	17	0	0
10	108,564	496,598	86,851	11	1	1
11	128,564	487,118	108,564	13	0	1
12	124,362	611,435	94,526	10	0	1
13	110,567	447,603	99,826	18	0	0
14	86,261	216,428	72,456	23	1	0
15	106,382	255,090	92,356	24	0	1
16	120,356	303,514	112,862	25	0	1
17	98,889	191,040	52,362	24	1	0
18	112,624	523,508	90,862	10	0	1
19	76,256	91,058	38,456	12	0	0
20	108,562	154,140	42,562	31	1	1

図表4-5

　まずはポテンシャルパイと「水道水のおいしさ」、「都会らしさ」の相関係数をとってみます。

	ポテンシャルパイ	エリア内人口	50代以上人口	血圧計保有率(%)	水道水のおいしさ	都会らしさ
ポテンシャルパイ	1					
エリア内人口	0.761600039	1				
50代以上人口	0.664361909	0.497279023	1			
血圧計保有率(%)	0.484134206	-0.058429865	0.129141035	1		
水のおいしさ	-0.565678116	-0.51514699	-0.351640401	-0.102877947	1	
都会らしさ	0.684435666	0.580659157	0.304057709	0.267264388	-0.492365964	1

図表4-6　→ここを使う

　相関係数は−0.57、0.68です。82ページで述べたように、相関の度合は絶対値（マイナスをとったもの）で見るので「ともに高い」といえます。この2つを説明変数に加えることにしましょう。ポテンシャルパイの説明変数は**図表4-5**の5つの項目です。これで重回帰分析すると次のようになります。

```
回帰統計
重相関 R         0.967413015
重決定 R2        0.935887942
補正 R2          0.912990778
標準誤差         6899.264242
観測数           20

分散分析表
           自由度    変動          分散         観測された分散比   有意 F
回帰        5       9727869246    1945573849    40.8735315       7.26982E-08
残差        14      666397859.1   47599847.08
合計        19      10394267105

          係数          標準誤差      t            P-値          下限 95%       上限 95%       下限 95.0%     上限 95.0%
切片       44004.29232   6999.352647   6.286908882   1.99879E-05   28992.17394    59016.4107    28992.17394    59016.4107
エリア内人口  0.072912217   0.013790431   5.287160173   0.000114816   0.043334684    0.102489749   0.043334684    0.102489749
50代以上人口 0.161118229   0.046957923   3.43111916    0.004054036   0.060403501    0.261832957   0.060403501    0.261832957
血圧計保有率(%) 1312.321606 224.8392145   5.836711396   4.31767E-05   830.0894515    1794.55376    830.0894515    1794.55376
水道水のおいしさ -3989.084854 3857.551924  -1.034097514  0.318624      -12262.71087   4284.54116    -12262.71087   4284.54116
都会らしさ   6271.357445   4236.127904   1.480445725   0.160905357   -2814.233291   15356.94818   -2814.233291   15356.94818
```

図表4-7　→ここを使う

　したがってポテンシャルパイは次のような式となります。

　エリアのポテンシャルパイ
　＝ 0.073×エリア人口＋0.16×50代以上人口＋1,300×血圧計保有率＋44,000
　　（水道水のおいしい地域のみ）－4,000
　　（都会っぽい地域のみ）＋6,300

第4章　顧客の未来を読む

■ 顧客満足度（CS）の未来を読みたい

次は3本目の矢、微積アプローチです。カスタマーマーケティングの最大の指標は顧客満足度（Customer Satisfaction、略してCS）です。先ほどのポテンシャルパイが顧客の求める「商品の量」なら、CSは「その商品が顧客へどれくらいの価値をもたらしたか」を測るものです。

CS戦略では実際に提供した商品の価値をとらえ、それをどうやって上げていくかを予測することがポイントです。この未来のCSを微積アプローチで予測してみましょう。

次のようなケースで考えてみます。

> A社はカレーでは日本一のシェアを持っている食品メーカーである。A社は「インドから入って日本で進化したカレーライスをさまざまな米食民族に提供する」というグローバル戦略を掲げている。対象としてはヒスパニック、中国、韓国などを考えているが、中でもカレー系の香辛料に対して抵抗感の少ないメキシコをヒスパニックの第1ターゲットとした。
>
> そこで、メキシコ人に対してどんなカレーを提供すべきかを考えるために、味覚調査を実施することとした。100人の現地メキシコ人にA社のヒスパニック向けカレーを食べてもらい、そのCSをアンケートで答えてもらうというものである。
>
> ヒスパニック向けカレーのポイントは何といっても"辛さ"である。ヒスパニック料理は甘さと辛さのバランスをとっていることが特徴である。そこでヒスパニック向けカレーも辛

さに甘さも加味して作ってみた。この辛味・甘味についてのアンケートには、次のような評価点を使うことにした。

0	甘すぎて食べられない
1	かなり甘味が強い
2	甘味を感じる
3	やや甘味を感じる
4	もう少しだけ辛くしてほしい
5	甘さ・辛さはちょうどいい
6	もう少しだけ辛味を抑えてほしい
7	やや辛味を感じる
8	辛味を感じる
9	かなり辛味が強い
10	辛すぎて食べられない

図表4-8

調査担当の中村さんは他のアンケート項目も含めて、100人分の結果を次のようにエクセルに入れた。

サンプルNo	辛味・甘味	とろ味	具の味	・・・・
1	5	3	2	
2	7	5	3	
3	4	4	2	
・	・	・	・	
・				
100	6	4	5	・・・・

図表4-9

このうち辛味・甘味について100人の評価点の平均値、標準偏差を計算してみると、4.80、1.31であった。また評価

点ごとに人数をカウントしてみると次のようになった。

評価点	人数
0	0
1	1
2	2
3	13
4	22
5	37
6	14
7	9
8	2
9	0
10	0
平均	4.80
標準偏差	1.31

図表4-10

　中村さん「甘味・辛味はメキシコ人でも感覚はさまざまだな。平均4.8か、まあいい感じだ。標準偏差は1.3か。ブレは大きいのかなあ。4.8ということは、やや甘さを感じている人が多いのか。もう少し辛さを出したものを作ってみよう」

　中村さんは辛さを少しだけ強め、同じ100人にカレーを食べてもらうことにした。その結果は、平均値は5.21、標準偏差は1.60となった。

　評価点別の人数は次のようである。

評価点	人数
0	0
1	0
2	2
3	11
4	21
5	31
6	14
7	11
8	7
9	2
10	1
平均	5.21
標準偏差	1.60

図表4-11

中村さん「平均は5.2か。1回目が平均4.8で2回目が5.2ということは、CSが一番高いのは5なので、1回目も2回目も同じようなCSなのかな。後は少し甘くするかだな。なかなか難しいな。ジャスト5にもっていくなんてできっこない。全員が5を付ける味なんてありえないよな」

■ CSの積分の変化をとらえる

さあどうしましょうか？
中村さんは、国内でいつもCS調査をやっている山田さんに聞いてみることにしました。

山田さん「こういう時はCSゾーンを特定して、そこに回答者

が何％いるかを考えるんだ。CSゾーンは10点評価で満点が5なら、ベストゾーンが4.5〜5.5、ベターゾーンが3.5〜6.5と考えるのが普通だ」

　まずは第1回目の調査のベストゾーン（4.5〜5.5）から考えてみましょう。これは次のようなグラフで表現できます。

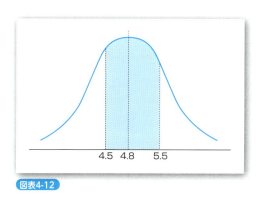
図表4-12

　94ページで述べたように、エクセルの「NORM.DIST」では次のような部分が計算できます。

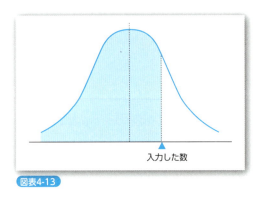

図表4-13

したがって次のように計算すればOKです。

NORM.DIST (5.5、4.80、1.31、true) = 0.70 ←5.5以下の確率＝下図①
－) NORM.DIST (4.5、4.80、1.31、true) = 0.41 ←4.5以下の確率＝下図②
　　　　　　　　　　　　　　　　　　　　0.29 ←4.5〜5.5の確率＝下図③

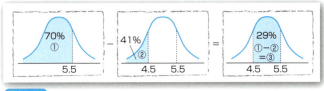

図表4-14

つまり、4.5〜5.5のベストゾーンは29％、約3割です。同様にベターゾーン（3.5〜6.5）を計算すると74％となりました。約$\frac{3}{4}$です。

第4章　顧客の未来を読む

　2回目の調査を同様に計算していくと、ベストゾーンが24％で約$\frac{1}{4}$、ベターゾーンが65％で約$\frac{2}{3}$となります。
　したがって1回目の味の方が「CSが高い」といえます。

　「特定の商品に対するCS」は、「多くの顧客のCSを集めたもの」といえます。こんな時はCSを平均ではなく、積分（面積）で表した方が、より実態を表現しており、まわりへの説得力も高いといえます。

「顧客の商品評価を積分するとCSが見える」
　なかなかいい感じです。

プラスアルファ〜その④
数列アプローチ

　今、投資家だけでなく、上場企業にとっても「株価」は最大の難題です。だから毎日毎日、新聞を騒がせています。この世界では「昨日の株価」にはあまり意味がなく、「未来の株価」を読むことがポイントです。

　投資家から見れば、未来の株価が読めれば、株ゲームというギャンブルに勝てます。一方、上場企業にとっても、株主が一番気にしている株価がどういうふうに決まるのかがわかれば、「株価を上げるための経営計画」が作れます。

　そのため社会としては、未来の株価を決めるルール（今日の株価は証券市場の"せり"で決まります）を統一していくことが求められます。

　これを決めておかないと、このゲームは単なる"丁半ばくち"（サイコロの目が偶数か奇数かを当てるもの。つまり運に頼るもの）になってしまい、おもしろくありません。株価計算のルールに基づいて（もちろんルールが同じでも、入れる数字によって計算結果は人によって違います）、未来を考えてゲームをした方がおもしろいに決まっています。

　一方、上場企業側も株価のルールが決まっていなければ、自社の株価が下がった時にはどうしてよいかわからず、うろたえて配当をむやみに上げたりしてしまいます（配当が上がると株価が上がるルールでは、配当競争によって経営をおかしくしてしまいます）。

　この社会的テーマに多くの経済学者がチャレンジし、未来の

株価計算のルールに1つの合意点を見つけました。このことで何人もの学者がノーベル経済学賞を受賞しました。残念ながら日本人はいません。マネーゲームの大国、アメリカからほとんどの人が出ています。

そのルールは、株価のベースを**DCF**（ディスカウント・キャッシュフロー）とするものです。キャッシュフローとは「その企業が1年間で増やしたカネの量」です。DCFとは「未来のキャッシュフロー」です。企業において「未来の1年間に増やすカネの量」のことです。

「『今日100万円くれる』と『1年後に100万円くれる』のどちらか好きな方を選びなさい」といわれたら、誰でも「今日の100万円」を選ぶでしょう。「今日の100万円」と「1年後の200万円」ならどうでしょう（1年後は必ず生きていて、その1年間カネを使う予定がないことを前提にしてください）。「1年後の200万円」でしょう。

では「今日の100万円」と「1年後の150万円」なら、「今日の100万円」と「1年後の120万円」なら……と1年後の金額を下げていけば、どんな人でも「何ともいえない」というラインがあるはずです。

ある人のその答えが「1年後の105万円」なら、その人にとって「今日の100万円」＝「1年後の105万円」ということです。つまり「1年後の105万円なんて、今日の価値にすれば100万円しかない」ということです。つまり「未来のカネ」を「今日のカネベース」で考える時は「割引」（ディスカウント）する必要があるということです。

この割引率（ディスカウントレート）を$\frac{105}{100}=1.05$と計算して、5％とします。先ほどの人にとって「未来のカネ」は1年あたり5％割り引いて考える必要がある、ということです。2年後の300万円なら、2回割り引くので$\frac{300}{(1.05)^2}$万円です。無論、割引率は人によって違います。

わかりにくい概念なのでもう一度いいますが、こうして考えた未来のキャッシュフロー（企業が1年間に増やせるカネの量）のことを、DCFといいます。「DCFを株価に適用する提案」、これこそがノーベル経済学賞であり、人類の合意点です。

DCFでは「割引率」を決めなくてはならないのですが、そのやり方について考えてくれた人たちがいます。この人たちもこれでノーベル経済学賞をもらっています。

ただ、ビジネスでの使い方としては割引率をあまりいじると、かえってもめるので、普通は"キリのよい数字"を使います。これまでで何度も述べたように1％、5％、10％あたりです。数学の常套手段です。現在の日本なら5％を使うのが妥当です（ノーベル賞経済学者の理論を使って計算してみましたが、一般的な上場企業は大体このあたりに落ち着きます）。また、将来は10％くらいが妥当かもしれません（まあ、その時に考えればOKです）。

いよいよ株価です。その企業が生み出すDCFの総和を企業価値として、これを株数（この株数で株主は分け合います）で割ったものを、理論株価（予測株価といってもよいでしょう）と

します。

　例えば1年間に100億円のキャッシュフローを生み出す会社の企業価値を次のようにして計算し（割引率は5%）、これを株数でわります。

$$\text{企業価値（億円）} = \frac{100}{1.05} + \frac{100}{(1.05)^2} + \cdots$$

　企業はゴーイングコンサーン（永遠に続く）ですので、DCFを永遠に足していきます。永遠に足していくと果てしなく大きくなっていくのでしょうか？　そんなことはありません。

　数列という数学を知っていますか？　数字が一定のルールで並んでいくものです。

　2、4、8、16、32、64…

　これは「2」をスタート（初項という）として、2倍になっていく数列です。これを「2を初項、公比を2とする公比数列」といいます。
　一般化しましょう。初項 a、公比 r の公比数列は「a、ar、ar^2、ar^3……」です。
　これを全部足してみると
　　$S = a + ar + ar^2 + ar^3$……です（このSを無限等比級数といいます）。
　これを r 倍してみると

$rS = ar + ar^2 + ar^3 ……$ です。

S から rS を引いてみましょう。

$$\begin{array}{r} S = a + ar + ar^2 + ar^3 ……（無限）\\ -\ rS = ar + ar^2 + ar^3 ……（無限)\\ \hline (1-r)S = a \end{array}$$

したがって $S = \dfrac{a}{1-r}$ です。何か手品のようです（ただし r が1よりも小さくないと使えません）。

先ほどの企業価値に戻りましょう。

ここで $a = 100$（億円）、$r = \dfrac{1}{1.05} = 0.95$ です。

したがって企業価値 $= \dfrac{100}{1-0.95} = 2,000$ 億円です。

この会社の株が1億株発行されていれば、1株2,000円が理論株価（予測株価）です。

投資家はそれぞれ自分でこうやって計算して（割引率を決めて、キャッシュフローを予測して）、理論株価（2,000円）を出し、今の株価が1,000円なら、そう、「買い」です。この人は「未来は株価が2,000円になる」と予測しています。今が3,000円なら「売り」です。

企業にとってみても「株価を目標にする」＝「DCFを上げる」ことであり、「キャッシュフローというカネを増やす努力」が経営計画のキーファクターとなっていきます。これを<u>キャッシュフロー経営</u>とよんでいます。

第5章
ライバルの未来を読む

　マーケティングの最後の要素はライバルです。これを中心に考えるのが競争マーケティングです。「ライバルの未来を読む」というのは予測の中でも難易度の高いものです。それは相手が何を考えているかわからず、次に打ってくる手がはっきりとは読めないからです。でも、ここまで本書を読んで予測の技術を身に付けたあなたなら、この難問もクリアできます。

　さあ、最後の仕上げです。

■ ブランド力が戦いの勝敗を決める

競争マーケティングに**確率アプローチ**という第1の矢を放ちましょう。次のようなケースで考えてみます。

> 大手日用品メーカーA社は1年前に保湿効果の高いXシャンプーを出してヒットした。このヒットを見てライバルのB社は、Xとほとんど同じ成分、香り、価格のYシャンプーを出して追い上げている。現在のシェアは先行したA社70%、後発のB社は30%であるが、B社のシェアが上がってきている。こうなるとX、Yというブランド力が決め手となってくる。
>
> そこでA社はブランド力を確認すべく、リピート率(もう一度同じ商品を買う割合)についてのマーケティングリサーチを調査会社に依頼した。その結果は次のとおりである。
>
> ・Xのリピート率は60%→すなわちYへのスイッチの確率は40%→Xを買った人の10人中、6人が次もXを買い、4人が次はYを買う。
> ・Yのリピート率は80%→すなわちXへのスイッチの確率は20%→Yを買った人の10人中、8人が次もYを買い、2人が次はXを買う。
>
> この後、XとYの戦いはどうなっていくのだろうか。

第5章 ライバルの未来を読む

■ マルコフさんの考えたチェーン

このリピート率、ブランドスイッチ率によって、日々XとYのシェアは変わっていきます。XとYの戦いの未来を読んでみましょう。まずはXとYの戦いを、確率で図にしてみます。

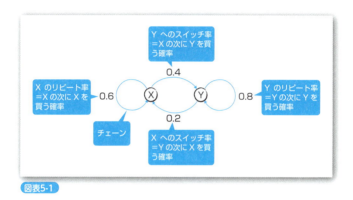

図表5-1

上図は、今がXとYの戦い(シェア争い)が、次にどういう状態に移るかを確率で表しています。X、Yの状態推移がチェーンのように表されているので、こうやって考えていくことを、発案者のマルコフさんの名をとってマルコフチェーン(日本語ではマルコフ連鎖)といいます。

■ シェアをシミュレーションして考える

顧客のシャンプーの購入サイクルを1か月と考えてみましょう(1週間でも3か月でも同じ結果になります)。今の次の状態、

つまり、1か月後のシェアを考えてみます。

　現在Xのシェアは70％で、そのうち60％がもう1度Xを買いますので、0.7 × 0.6 = 0.42、つまり42％が残ります。一方、現在のYのシェア30％のうち20％はXを買うので、0.3 × 0.2 = 0.06、つまり6％がYからXになります。つまり1か月後のXのシェアは42 + 6 = 48％となります。したがってYのシェアは残りの52％となり、XとYが逆転します。

　2か月後を考えてみましょう。Xのシェアは48％で、そのうち60％が残るので、0.48 × 0.6 = 0.288 = 28.8％、Yのシェア52％のうち20％がXへ移るので0.52 × 0.2 = 0.104 = 10.4％となり、計39.2％です。Yのシェアは残りの60.8％です。

　3か月後もやってみましょう。Xのシェア39.2％のうち60％が残り (0.392 × 0.6 = 0.2352 = 23.52％)、Yの60.8％のうち20％が移るので (0.608 × 0.2 = 0.1216 = 12.16％)、Xのシェアは35.68％となり、Yのシェアは残りの64.32％です。

　こうやって数字を入れながら未来の動きを考えていくことをシミュレーションといいます。

　このシミュレーションで何かに気づきましたか？
　Xのシェアは落ちていきますが (Yのシェアは上がっていきます)、少しずつその落ち方が減っています。それはXのシェアが落ち、Yのシェアが上がっていくので、XからYへのスイッチング量が減り、YからXへのスイッチング量が増えるからです。そう考えていくと、X→Yのスイッチング量とY→Xのスイッチング量が同じになってしまう時が来てもおかしくありません。つまりシェアが動かなくなってしまう時です。

第5章　ライバルの未来を読む

　もしXのシェアがx、Yのシェアがyで動かなくなったとします。つまりXから見て（Yから見ても）、「出ていく顧客と入ってくる顧客が同じ」という状態です。

　Xから見て「出ていく顧客」は$x \times 0.4$（Xのスイッチ率40％）で、「入ってくる顧客」は$y \times 0.2$（Yのスイッチ率20％）です。この2つの量が同じになるということは

　　$x \times 0.4 = y \times 0.2$　です。

　ここで$x + y = 1$（XとYのシェアを足すと100％）です。

　中学1年生の時にやったはずの連立方程式です。こういう時は「片方の式を使ってyをxで表現して、残りの式にこれを入れる」と教わりました。

　簡単な方を考えて、$y = 1 - x$です。これを上の式にあてはめると、次のようになります。

$$x \times 0.4 = (1 - x) \times 0.2 \Rightarrow 0.4x = 0.2 - 0.2x$$

$$\Rightarrow (0.2 + 0.4)x = 0.2 \Rightarrow x = \frac{0.2}{0.2 + 0.4} = \frac{1}{3}$$

ここに注目！

　つまりXのシェアは$\frac{1}{3} = 33.3\%$、Yのシェアは66.7％で動かなくなります。こういった状態を、数学の世界では**均衡**と表現します。一般化してみましょう。

　Xのシェア（x）は「0.4」と「0.2」という2つの数字から計算されています。この0.4と0.2は何だったのでしょうか？

　これはそれぞれXとYのスイッチ率（X→Y、Y→X）でした。

つまり最終シェアは、マルコフチェーンを使うと一般的に次のように表現できます。

自社のシェア ＝ $\dfrac{\text{ライバルから自社へのスイッチ率}}{\text{ライバルから自社へのスイッチ率＋自社からライバルへのスイッチ率}}$

　なかなかおもしろい結果です。「シェアはブランドのスイッチ率で決まる」というものです。
　これが知られるようになり、マーケティングの世界ではこのスイッチ率というものが注目されるようになりました。この他社へのスイッチ率が低い（他社のブランドへスイッチしない）状態、つまりリピート率（1－スイッチ率）が高い状態をロイヤルティ（忠誠心）と表現し、これを持っている顧客をロイヤルカスタマー、これを維持していくことをロイヤルティマーケティングというようになりました。
　リピート率、スイッチ率をベースとしたロイヤルティマーケティングは現代の競争マーケティングの花形といえます。

■ 勝つ確率が $\dfrac{1}{2}$ でも、結果は……

　もう1つマルコフチェーンを使って、ライバルとの戦いを考えてみましょう。先ほどのA社XシャンプーとB社Yシャンプーのケースを少し変えて考えてみます。

第5章 ライバルの未来を読む

> **ケース**
>
> 　A社のXシャンプー、B社のYシャンプーは見た目も機能も全く同じで、ブランド力にも差がなく、消費者はこの2つを同じものと見ている。
>
> 　山田さんはA社のセールスパーソンであり、Pスーパーを担当している。Pスーパーではこの2つのシャンプーを合わせて3フェース※陳列しているが、今はXが2フェース、Yが1フェースとなっている。
>
> 　山田さん「Yの1フェースを何としてもXに変えたい。いつYを2フェースにされるかわからないし、3フェースとられてしまうことだってある」
>
> 　そこで山田さんは思い切って勝負に出て、Pスーパーのバイヤーに次のように提案した。
>
> 　「御社の店舗オペレーションを考えると、XとYのどちらかに絞った方がよいと思います。そこで隣同士となっているXとYの1フェースあたりの週販数（1週間の売上）を比較して、それが多い方に変え、どちらかが3フェースになったらやめるという形で戦わせてください」
>
> 　Pスーパーのバイヤーも、ほとんど同じ2商品を店に置いても非効率なので、この話に乗った。

　さあ、この勝負の結果はどうなるかを考えましょう。

　Xから見た状態をマルコフチェーンのグラフで表してみましょう。顧客はXとYは全く同じ商品と考えていますので、ともに1フェースずつの戦い（週販数の多い方が勝ち）に勝つ確

※　フェースとは店で購買する顧客から見て、その商品がいくつ見えるかというもの。3フェースなら商品が3列見えている。

率は$\frac{1}{2}$です。したがって各フェースを移る確率はすべて$\frac{1}{2}$です。

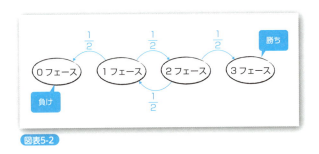

図表5-2

　今、2フェース持っているXが、最終的に3フェースになって勝つ確率をa、今1フェース持っているYが勝つ確率をbとします。$a + b = 1$です（いつかは結果としてどちらかが勝つはずです）。

　ここでXとYに力の差はないのですから、aは2フェースが最終的に勝つ確率、bは1フェースが最終的に勝つ確率と考えることもできます。

　さあマルコフチェーンのシミュレーションです。

　今、Xは2フェースあるので、1週目の戦いに$\frac{1}{2}$の確率で勝ち、3フェースになって戦いは終わります。また、1週目の戦いに$\frac{1}{2}$の確率で負けて、1フェースとなります。Xが1フェースになってから、Xが勝つ確率は？

　そうです。1フェースの方が逆転して勝つ確率はbでした。

　これを図にしてみると次のようになります。

第5章 ライバルの未来を読む

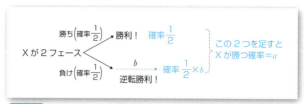

図表5-3

つまり2フェースのXが勝つ確率$a = \frac{1}{2} + \frac{1}{2}b$です。ここで$a + b = 1$ですので、先ほどの方程式のルールを使います。$b = 1 - a$です。

$$a = \frac{1}{2} + \frac{1}{2}b \Rightarrow a = \frac{1}{2} + \frac{1}{2}(1-a) \Rightarrow a = 1 - \frac{1}{2}a$$

$$\Rightarrow \frac{3}{2}a = 1 \Rightarrow a = \frac{2}{3}$$ （久しぶりに分数を使っている人はお疲れ様でした）

つまりXは$\frac{2}{3}$の確率で勝ちます。Yは$\frac{1}{3}$です。これなら山田さんはPスーパーで勝負をしたくなります。というよりも、**2フェース持っている今こそがチャンス**です。**Xが勝つ確率が、Yの2倍ある**のですから。

■ 金持ちはケンカに勝てる

先ほどのブランド勝負はスイッチ率で結着しましたが、今度の勝負は何で決まっていたのでしょうか？

そうです。最初に持っていたフェース数（Xが2、Yが1）で勝

負が決まっています。これがマルコフチェーンで有名な**ギャンブラーの破産問題**というものです。マルコフチェーンについて書いてある難しい本を読むと、次のように書いてあります。

「X、Yの2人がコインを1枚ずつ賭けて、どちらかのコインがなくなるまで（これが破産）戦う。ともに1回の勝負に勝つ確率が$\frac{1}{2}$（じゃんけんのように）である。Xがx枚、Yがy枚でこれをスタートすると、Xが最終的に勝つ確率は$\frac{x}{x+y}$、Bの勝つ確率は$\frac{y}{x+y}$である」

先ほどのケースでは、コインにあたるものがフェース数です。つまり2フェース（x）と1フェース（y）です。2フェースの方は$\frac{x}{x+y}=\frac{2}{2+1}=\frac{2}{3}$の確率で勝ちます。よく「金持ちケンカせず」といいますが、「**金持ちはケンカに勝てる**」です。

マーケティングの世界でいえば「最初にシェアをとったほうが勝つ」ということです。**先手必勝**です。つまり商品をいち早くマーケットに投入して（先ほどの例ではXシャンプー）、ライバルが参入しないうちにシェアをとり、後発のライバルに勝つという戦略です。61ページの**サチュレーション戦略**です。

一方、後発組（先ほどの例ではYシャンプー）は、先行商品（Xシャンプー）をよく研究して、その弱点（値段が高い、香りがきつい、……）をついて、先行者からのブランドスイッチを狙い、その顧客を逃がさないという戦略をとります。このスタイルを**商品差別化戦略**といいます。

競争マーケティングの世界では、こういう戦いに名前を付けるのが好きです。コトラーさんという「マーケティングの神様」

とよばれた人は、コインの多い方の戦略をリーダー戦略、少ない方をニッチャー戦略と名付けました。戦争理論をマーケティングに取り入れたランチェスターさんは、前者を大陸戦、後者を局地戦とよびました。

競争マーケティングの世界では、持っている資源（カネ、ブランド力、セールスパーソン、……）によって、ライバルとの戦い方を変えるというのが基本です。

■ ライバルの打つ手を読む

次は統計アプローチです。統計アプローチの基本は過去の詳細なデータですが、相手がライバルの場合、そのデータがあまり手に入らないことが多いといえます。特にライバルの戦略、つまり次に相手が打ってくる手がなかなか読めません。ここでは「ライバルの未来行動を読む」ということにアプローチしましょう。

こんな時はゲームの理論というものがよく使われます。これはノイマンさん（コンピュータの原型を作ったことで有名な数学者）がその基礎を作り、ナッシュさん（彼の人生は『ビューティフル・マインド』という映画になりました。30歳から20年間病気と闘い、奇跡的に治ったのです）が体系化したものです。ゲームの理論はこの2人の天才数学者が、ライバルなどの敵と戦う時（これをゲームと表現しました）の考え方を数学で理論化したものです。

ゲームの理論の原点は、「相手の打つ手が読めない時は、相手は必ず自分にとって最良の手を打つと考える」ことです。相

手はボーンヘッド（うっかりミス）や意味不明の行動をとらないと考えるものです。

次のようなケースで考えてみましょう。

> **ケース**
>
> A社、B社ともに全国にスーパーマーケットをチェーン展開している。X地域にはすでにA社が出店しており、ここにB社が出店を検討している。これを察知してA社は「B社がX地域に出店するなら、とことん戦う」と宣言している。しかしB社がX地域に出店後、A社にはもう1つ「仲良く共存していく」（価格競争などで戦わないで、両店が共存共栄を図っていく）という手がある。
>
> A社がその2つの手をとった時の結果が見積もられている。X地域でA社は現在10億円の利益を上げているが、B社が出店して、もしA社が戦うと、A社は3億円の利益、後から入ってくるB社は－3億円の利益（3億円の損失）となる。もしA社が戦わないと、両社ともに5億円の利益である。
>
> 相手の手が読めないので、A社はどういう手をとったらよいのかを悩んでいる。

これをまずグラフ（図表5-4）で表してみましょう（これを**ゲームの木**といいます）。

第5章 ライバルの未来を読む

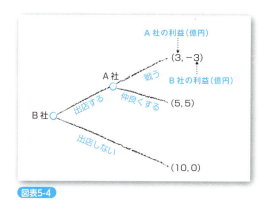

図表5-4

　さあ、ゲームの理論でシミュレーションして、未来の手を考えましょう。

　B社が「X地域」に「出店する」という戦略をとったとします。この時、A社は「戦う（利益3億円）」か「仲良くする（利益5億円）」かを選択します。ゲームの理論では「互いに賢く、ムキにならず、感情を持たず、冷静に利益最大化行動をとる」と考えます。したがってB社から見ると、A社は「仲良くする」という選択肢をとるはずと考えます。この時、B社の利益は5億円です。B社から見ると、出店しないと「利益0」、出店すると「利益5億円」ですので、「B社は出店する」という意思決定をします。

　つまりこのゲームの結着（これをゲームの解といいます）は、「B社は出店し、A社は仲良くする」となり、A社、B社の利益はともに5億円となります。

■ ゲームを変える

しかしA社から見ると、今、利益が10億円なのにB社が出店することで、利益が5億円と半減してしまいます。何とか出店を阻止できないかと考えます。

図表5-4のゲームの木が変われば、ゲームの解も変わります。

例えばX地域にB社が出店する前に、A社がもう1つ新店を出してしまうことが考えられます。この場合の利益を見積もると、次のようになりました（図表5-5）。

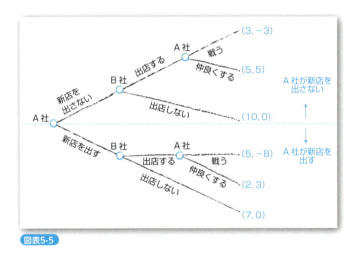

図表5-5

ゲームの木の上半分は「A社が新店を出さないケース」であり、この場合は先ほどやったようにA社、B社とも5億円の利益が解です。

下半分（A社が新店を出す）を考えましょう。この時、B社が出店してA社が「戦う」場合5億円の利益、「仲良くする」と2億円の利益となるので、「戦う」と意思決定します。したがってB社は－8億円となります。一方、B社が出店しない時は利益は0ですので、B社は「出店しない」が意思決定となります。よってA社の利益は7億円です。

　ここまでの結果から、A社は新店を出さないと利益5億円、出すと7億円ですので、「新店を出す」という意思決定になります。したがってB社はこれを受けて出店をやめて、このゲーム全体はA社の利益7億円、B社の利益0で結着がつきます。

　このゲームの木を使ったものとして有名なのが、世界一の小売業ウォルマートの出店戦略です。ライバルが後から「出店する」という解を持たないように、ポテンシャルパイの小さな地域（田舎町）に、びっくりするような大型店を出してしまうというものです。こうして、ライバルが「出店しない」（出店すれば利益はマイナス）という解しか持てないゲームの構造としてしまう戦略です。

■ 囚人のジレンマ

　ゲームの理論にはさまざまなものがありますが、「ライバルと戦う」という局面ではよく使われます。もう1つ次のようなケースで考えましょう。

> **ケース**
>
> 　A社とB社はビールの2大メーカーである。NO.1シェアを競い合い、今は拮抗している。
>
> 　A社、B社は取引先であるチェーンストアX社より、プライベートブランド（PB）※での販売を提案されている。つまりA社、B社がX社専売のビールを作り、そこにX社のブランドを入れてX社の各店で販売するというものである。無論X社からはブランド料を求められる。ただ単独でPB化すればX社での優先販売が期待できる。
>
> 　この取引要請にA社は悩んでいた。各状況での利益を予測してみると、次のようなものになった。
>
> 　「A社、B社ともにPB化に応じなかったら、両社ともX社に対する利益は変わらない。片方がPB化、片方がPB化しないと、PB化した方はX社からの利益が15％アップ、しない方は25％ダウンとなる。両社がPB化に応じると、ともに15％ダウンとなる」
>
> 　さあA社はどうする？

　ここで「打つ手」（戦略と表現します）と「利益」（リターンと表現します）を表にしてみます（図表5-6）。

※　そのチェーンストア独自のブランド。

第5章 ライバルの未来を読む

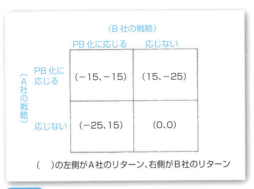

図表5-6

　A社から見ると、B社の戦略（応じる、応じない）が読めないのが悩みの種です。さあ、シミュレーションしてみましょう。

　B社が「応じる」という戦略をとったとします。この場合は上の表の「左側」を見ればよいことになります。ここでA社が「応じる」と「−15」、「応じない」と「−25」です。したがって「応じる」がA社のとるべき戦略です。

　B社が「応じない」という戦略をとったとします。今度は上の表の「右側」です。ここではA社が「応じる」と「15」、「応じない」と「0」ですから、「応じる」がA社のとるべき戦略です。

　つまり相手が「応じる」「応じない」のいずれの手をとるにしても、A社は「応じる」という戦略をとるべきです。

　ゲームの理論は「相手も最適な戦略をとる」と考えますので、B社もA社同様に「応じる」という戦略をとってきます。つまり「ともにPB化に応じる」という戦略をとり、「ともに15％の利益ダウン」がゲームの解です。

187

これがゲームの理論で有名な囚人のジレンマとよばれるものです。これはノイマンさんが、次のような例でこのゲームを説明したからです。

　「AとBの2人が、共同で犯罪をした疑いで警察に拘束された。それぞれ別室で取調べが行われている。証拠はなく、自白だけが頼りで、警察から取引を求められている。すなわち2人とも自白しないと2人とも1年間の拘留、2人とも自白すると2人とも3年間の刑、片方だけ自白すると、自白した方は解放、自白しない方は5年間の刑というものである。Aのとるべき行動は？」

　あなたも先ほどの表を作って考えてみましょう。

　ゲームの解は「ともに自白する」となるはずです。

■ 協力ゲーム

　先ほどのA社とB社のケースでいえば「ともにPB化に応じて15％の利益ダウン」が解でした。しかし両社にとって最良の方法は「ともにPB化に応じない」というものです。こうすれば「利益は変わらない」となります。ではどうしたらよいでしょうか？

　A社とB社が「共通の利益」（AとBの利益の和）を求めればよいのです。A社とB社が1つの組織体となることです。つまり合併、経営統合といったものです。これを協力ゲームといいます。ライバルと戦っている時、ここに共通の敵（＝先ほどのチェーンストアX社）が現れれば「協力」がその選択肢です。

　今、新聞をよくにぎわせている「シェアNo.1の会社とシェアNo.2の会社が合併」というのは、この共通の敵（先ほどのようにメーカーから見たチェーンストア、日本企業から見た外国企

業など）が現れると、その業界は戦争からアライアンス（同盟）へと向かうからです。

　しかしA社とB社が合併してAB社となっても、X社というチェーンストアと戦わなくてはなりません。この構造をゲームの理論では<u>ゼロサムゲーム</u>といいます。つまりAB社がX社へビールを納入する時、AB社が価格を10円引けばAB社は10円損をし、X社の利益が10円増えるという構造です。これがゼロサムゲーム（両者の利益を足すとゼロ）です。

　このゼロサムゲームに解はありません。「AB社は1円でも高く売り、X社は1円でも安く買う」という構造となり、<u>パワーゲーム</u>（力のある方が勝ち）となります。

　ここでAB社の打つべき手は、X社ともやはり協力ゲームにすることです。それには共通の敵（という表現は妥当ではありませんが）を見つけることです。それはこのX社の店舗に来店する顧客です。この店舗でビールを買う顧客の価値を最大限にしていけばAB社、X社ともハッピーになります。この協力ゲームのことを<u>サプライチェーン</u>、最近では<u>バリューチェーン</u>（118ページ）と表現しています。

■ 戦争の激しさ

　いよいよ最後は「ライバルとの戦い」への<u>微積アプローチ</u>です。
　ライバルとの戦争時には「戦いの激しさ」を知ることが大切です。これを55ページの商品ライフサイクルで見てみましょう。

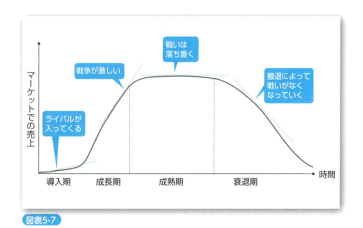

図表5-7

図表5-7の導入期、成長期、成熟期、衰退期の微分係数は「マーケットの伸び」を示しているのですが、見方を変えると、もう1つのことを表しています。それは「戦争の激しさ」です。

マーケットが誕生してしばらくすると（導入期）ライバルの参入が始まり（「戦争の激しさ」＝微分係数が小さなプラス）、マーケットが伸びてくると（成長期）ライバルとの戦争が本格化し（「戦争の激しさ」＝「微分係数」が大きなプラス）、成熟期になるとシェアは落ち着き（「戦争の激しさ」＝「微分係数」が0）、衰退期にはシェアがとれなかった企業は撤退していきます（「戦争の激しさ」＝「微分係数」がマイナス）。つまりマーケットにおける売上の微分係数で「戦争の激しさ」がわかることになります。

そして今だけでなくその微分係数の動きを見れば、明日が読める（プラス→0→マイナス）というものです。

第5章 ライバルの未来を読む

■ 最大値と最小値

もう1つ、この曲線からわかることがあります。「微分係数が0」の時(成熟期)、マーケットの売上は最大値を迎えていることです。このマーケットの最大値で(微分係数が0で)、戦争が終結に向かいます。

このように"山"の状態の時は、微分係数が0で最大値を迎えます。一方"谷"の時は、微分係数が0になるとどんな状態になるでしょうか？ 図表5-8の右側を見てください。最小値です。

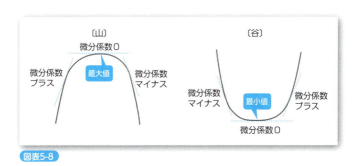

図表5-8

つまり曲線が山型の時は、微分係数がプラスで数値は上昇していき、微分係数が0になり、ここで最大値を迎え、微分係数はマイナスとなり、数値は下降していきます。一方、谷型の時は、微分係数はマイナスで数値は下降していき、微分係数は0となって最小値を迎え、その後、微分係数はプラスとなって数値は上昇していきます。

191

■ 戦わないで自らを見つめる

　成長期の戦争では「増えていくパイをいかに取るか」という戦略がとられ、戦う中で自ら、ライバルともにリターンがあることも多いといえます。

　しかしいつかは成熟期が訪れ、自ら、ライバルともにリターンが伸び悩んできます。ここでは、これまで商品を作り続けてきたことで原価がダウンしていくので、ついライバルと価格競争をしたくなってきます。つまり価格を下げて、ライバルのパイを食べたくなります。これでは囚人のジレンマ状態（両者にとって不利益な価格ダウンという戦略を互いがとってしまう）となってしまいます。近年の日本ではあらゆるマーケットでこれが見られ、商品の販売価格はどんどん下がり、デフレ※となって、社会中が不幸になっていきました。

　このような「価格競争」というゲームをくり返していくと、ゲームのメンバーたちが学習して「戦っても幸せがない」という協力ゲームへのインセンティブ（動機）が働いてきます。しかし必ずしも合併、アライアンスができるわけではありません。それは自社、ライバルともに複数の事業、商品を持っているのが普通で、Aという商品は成熟期でも、Bという商品は成長期で「戦争の真っ只中」なので、とても手を握れる状態ではないからです。

　それでも、何とか自社にとって（ライバルにとっても）、もっとも不幸な成熟期の価格戦争（成長期の価格競争はパイを増やしていくことも多いが、成熟期の価格競争は利益を落とすだけとなります）だけはやりたくないと考えます。

　こんな成熟期のケースでの価格戦略を考えてみましょう。

※　デフレーションの略。物価が下がっていく状態。反対はインフレ（インフレーション）。

第5章 ライバルの未来を読む

ケース

　A社はオフィスで使う消耗品のメーカーで、主にこれをインターネット販売している。A社の主力商品の1つはA4サイズのプリント用紙である。この用紙はIT化が進む中で逆に売上を伸ばしてきたが、今はマーケットが成熟状態となり、落ち着いている。ライバルとしては同タイプの会社が数社、ITベンダーが数社いる。

　用紙は販売価格によって販売量の変動が大きく、またその販売量によって製造原価も変わってくるので、価格設定が難しい。無論ライバルの価格によって自社の販売量も大きく変わる。だからといって、ライバルの価格を見ながら毎日価格を変えていくわけにもいかない。

　さらにA社はカンバン方式（売れる量だけ作って、在庫をなるべく持たない）をとっており、生産量（見込販売量）が変わると工場側の生産体制も変えなくてはならない。

　このような中、A社は価格戦略をはっきりさせる必要に迫られていた。

　A社においては、価格戦略を決定するポイントは「価格と利益の関係」である。

　A社ではA4用紙1セットあたりの価格を200円から280円まで5円刻みで設定しているので、ここ1年間の各価格ごとの1日あたりの利益を計算してみた。

価格	利益（単位：千円）
200	42
205	222
210	350
215	318
220	340
225	386
230	288
235	308
240	280
245	252
250	100
255	88
260	84
265	66
270	50
275	43
280	15

図表5-9

さあ、販売価格戦略を立ててみましょう。まずは45ページのように、横軸を販売価格、縦軸を1日あたりの利益としてプロットしてみましょう。エクセルを使うのですが、今度はここに滑らかな線（平滑線といいます）を入れて出してみます。

エクセルの手順5-1「平滑線」

①価格と利益の2列を選択する。
②「挿入」内の「グラフ」で「散布図（平滑線とマーカー）」を選ぶ。

すると次のような曲線を引いてくれます。

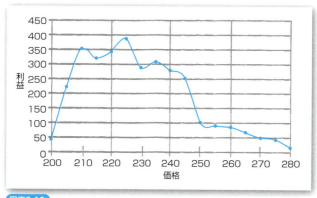

図表5-10

これを見ると次のようなことがわかります。

・200〜210円で微分係数はプラスで、
210円あたりがゼロ＝山＝最大値
・210〜215円で微分係数はマイナスで、
215円あたりがゼロ＝谷＝最小値
・215〜225円で微分係数はプラスで、
225円あたりがゼロ＝山＝最大値
・225〜230円で微分係数はマイナスで、
230円あたりがゼロ＝谷＝最小値
・230〜235円で微分係数はプラスで、
235円あたりがゼロ＝山＝最大値
・235円〜で微分係数はマイナス

つまり、いくつかのプライスゾーン（価格帯）があり、210円、

225円、235円あたりに山があって、全体としては225円に山があります。

しかし販売価格によって、利益だけでなく販売量＝生産量も変わります。生産量の方は工場の機械、働く従業員、他の商品の生産との関係もあります。そこで210円、225円、235円あたりの販売量（＝生産量）を調べ、工場の生産量と調整し、この3つの価格あたりで戦略的に価格を決定します。

さらには「235円あたりで売る」と決めたら、このあたりの価格をさらに細かく区切り、その微分係数を見て最適価格を決定していくことになります。

プラスアルファ～その⑤
リスクアプローチ

　最後の最後に、未来が全く読めない、つまり「リスクのある局面」での意思決定について考えてみましょう。このリスクアプローチは「不確実性の下での意思決定」といわれる有名な考え方です。

　次のようなケースで考えてみます。

> **ケース**
>
> 　A社は輸入商社である。A社では来年度、X国から「上海ガニ」に似たYというカニを、現地企業B社から輸入しようと考えている。A社の販売先は中華料理などのレストランであるが、そのカニにどれくらいの需要があるのか、またライバルといえる上海ガニが来年度どれくらい獲れるのかもよくわからない。
>
> 　A社はB社から年間契約を求められている。B社の条件は1ロット3万匹で、1ロット、2ロット、3ロットの選択を求めている。Yを料理に使うのは初めてのことであり、過去のデータがない。仕方がないので、A社の経営企画部でこのカニが大ヒット、ヒット、普通、ハズレの4パターンに分けて売上を予測し、利益を見積もってみた。結果は次のようである。この中では、客のレストランから注文があっても在庫がない場合の違約金も考慮している。

(単位：万円)

結果＼戦略	1ロット	2ロット	3ロット
大ヒット	－3,600	－1,800	5,000
ヒット	－1,400	1,600	3,000
普通	2,400	3,200	－400
ハズレ	2,000	－800	－5,600

この時、A社のとるべき手は？

こういう不確実な中での意思決定の考え方として、次のようなものがあります。

●マキシマックス（Maximax）戦略

各戦略（何ロットにするか）ごとに最良のケースを考えて、その中のリターンがもっとも大きいものを選択する、というものです。

1ロットの時は「普通」のケースでリターンの最大は2,400万円、2ロットの時は「普通」のケースで最大3,200万円、3ロットの時は「大ヒット」で最大5,000万円となるので、3ロットという手を採用します。

これは結果として、すべてのケースの中から最大のリターン（先ほどの表の中の数字の最大値5,000）をとることになります。夢を見て、最大のリターンを逃さない攻撃型の戦略といえます。

●マキシミニ（Maximini）戦略

各戦略ごとに最悪のケースを想定し、その中でもっともリタ

ーンが大きい（ロスが小さい）案を採用するものです。

　1ロットでは最悪が「大ヒット」の時の「－3,600万円」、2ロットの時は最悪が「大ヒット」の「－1,800万円」、3ロットの時は最悪が「ハズレ」の時の「－5,600万円」ですので、これがもっとも大きい（マイナスをとった絶対値がもっとも小さい）2ロットが採用されます。

　リスクを最小限にする守りの戦略といえます。

●ミニマックス・リグレット戦略

　これはその戦略をとった時のリグレット（後悔）に着目するものです。例えば1ロットの手をとったとします。その時「大ヒット」だと「3ロット買っておけば」と後悔します。どれくらい後悔するかといえば、「5,000万円のリターンがあったのに－3,600万円となってしまうので、8,600万円の後悔」となります。これをすべてのケースで表にすると次のようになります。

（単位：万円）

結果＼戦略	1ロット	2ロット	3ロット
大ヒット	8,600	6,800	0
ヒット	4,400	1,400	0
普通	800	0	3,600
ハズレ	0	2,800	7,600

　このリグレット表を使って「各戦略の中でリグレットが最大のケースを選び、それが最小な戦略をとる」というものです。最大リグレットは、1ロットでは大ヒットで8,600万円、2ロッ

トは大ヒットで6,800万円、3ロットはハズレで7,600万円です。したがって最大リグレットが最小の「2ロット」が選ばれます。

　三菱自動車は燃費不正が見つかって崩壊しましたが、何回かこれを公表するタイミングがあったようです。三菱自動車にとって不正を「公表する」「公表しない」の2つの戦略があったわけです。結果は、不正が「見つかる」「見つからない」です。
　マキシマックス戦略なら「公表しない」で「見つからない」ケースの最大利益を得ることになります。
　マキシミニ戦略なら「公表する」で「見つかる」という最悪ケースのダメージを小さくします。
　ミニマックス・リグレット戦略なら、公表する時のリグレットが「公表しなければ見つからなかったかもしれない」であり、公表しない時のリグレットが「公表していれば会社はなくならなかったかもしれない」です。どちらのリグレットが大きいかは考えればわかることです。
　現代は不確実性の時代といわれており、ここでは「マキシミニ戦略」により、ダメージを最小化することが求められています。そして「どのような手を打てばうまくいくかはよくわからないが、悔いなき手を打ちたい」というのが経営者の想いです。つまりミニマックス・リグレット戦略です。
　この2つが現代戦略の基本といえます。行け行けGOGOのマキシマックス戦略の時代は終わりに来たのかもしれません。

エピローグ

　私は以前、健康診断でメタボといわれました。そして管理栄養士（私の次女もこれが職業です）というメタボコンサルタントに、日常生活における「食生活の改善」と「継続的な運動」という指導を受けました。そして前者のための食事メニューと後者のための具体的な運動例を渡されました。

　本書の読者はプロローグで述べた**FFシンドローム**（未来が読めない症候群）やその予備軍の方だと思います。メタボの「食生活の改善」同様に、このFFシンドロームでも、第1のポイントは「仕事のやり方の改善」です。その改善メニュー（予測の技術）が本書です。

　そしてこの「予測の技術」を日常の仕事の中で「継続して」使っていってください。これがメタボ指導でいう「継続的な運動」です。

　「未来を読む」局面はこれから先も次々とやってきます。あなたはこれだけの「技術」を持ったのですから、どんなケースでも必ず「未来を読む手」が見つかるはずです。

　そして気がつけばFFシンドローム、そこから来るストレスを解消して、明日の夢が描けるスマートなビジネスリーダーへと変身しているはずです。

　そうそう、本書の目的はもう1つありました。数学アレルギーを解消することでした。

　ここまで読んできたあなたは、次のような数学用語を理解し、体験し、もう口から出るようになっています。本書の登場順に挙げると次のような言葉です。

母集団、サンプル、標準偏差、微分、積分、微分係数、期待値、回帰分析、回帰直線、線型近似、回帰式、説明変数、パラメータ、被説明変数、重回帰分析、指数、指数関数、ベイズの定理、事前確率、事後確率、条件付確率、相関分析、相関係数、絶対値、ヒストグラム、確率密度関数、正規分布、安全在庫、3シグマ、対数、常用対数、対数関数、自然対数、t検定、棄却率、有意差、カイ2乗（χ^2）検定、計数値、計量値、時系列分析、対数近似、限界、限界利益、ベクトル、合成ベクトル、ポジショニンググラフ、成長ベクトル、待ち行列、数量化、DCF、公比数列、無限等比級数、マルコフチェーン、ゲームの理論、ゲームの木、囚人のジレンマ、協力ゲーム、ゼロサムゲーム、マキシマックス戦略、マキシミニ戦略、ミニマックス・リグレット戦略……

　この本を読んで、こんな"おしゃれな言葉"を身につけました。そして、こんな俗世間を超越したような言葉が、ビジネスで"使える"ことを体験してきました。恥ずかしがらず、ビジネスシーンで堂々と使ってください。まわりはあなたの変身ぶりにびっくりすると思います。そしてこれからも、天才たちが考えた「数学」という世界を「お勉強」ではなく、ビジネスの実践に役立てていってください。
　あなたが気づいたように、**数学は現代ビジネスのインフラ**なのですから……。

エクセルの手順

0-1 標準偏差	21
1-1 組み合わせ	34
1-2 指数	36
1-3 プロット図（散布図）	45
1-4 回帰直線	46
1-5 回帰式	47
1-6 重回帰分析	52
2-1 相関分析	84
2-2 ヒストグラム	86
2-3 積分その1： 数字入力	94
2-4 積分その2： 確率入力	95
3-1 t検定	112
3-2 カイ2乗検定	116
3-3 時系列分析	121
3-4 対数近似	126
5-1 平滑線	194

この16種類の「エクセルの手順」は、以下のURLで動画を見ることができます。
手順に困ったときは、ぜひご覧ください。
http://www.sbcr.jp/tokuten/future/

索引

英・数

3シグマ	103
CS	159、162、163、165
DCF	168〜170
t検定	112〜114、116

あ

安全在庫	101〜103
一般化	33、35、37、62、63、71、73、104、131、132、144、169、175
エリアマーケティング	151〜153

か

カイ2乗検定	116、117
回帰式	47、48、78
回帰直線	46、81
各種工事	76
確率アプローチ	11、17、18、32、35、39、69、70、108、110、117、142、172
確率曲線	89、91
確率密度関数	89
棄却率	111〜114、116、117
企業価値	168〜170
期待値	39〜41、43、71、116、117
帰無仮説	111、113、116、117
キャッシュフロー経営	170
キャリアプラン	138、139
キャリアプロセス	137、138
ギャンブラーの破産問題	180
吸引力	64、65
協力ゲーム	188、189
局地戦	181
許容欠品率	99〜103、111
均衡	175
組み合わせ	33〜35、37、42、139
計数値	115
計量値	115
ゲームの解	183、184、187、188
ゲームの木	182、184、185
ゲームの理論	181、183、185、187〜189
限界革命	128
限界利益率	131〜135
原価見積	75、76
工数見積	77
合成ベクトル	137、139
公比数列	169
顧客満足度	159

さ

サチュレーション戦略	180
サプライチェーン	189
参入障壁	59
散布図	44、45、194
サンプル	19、112、117
事業部制	134
時系列分析	120、121
事後確率	71
事象	73
自乗	62
指数関数	65、66、105
指数曲線	67、125、134
事前確率	71
自然対数	106、126
実測値	116
実パイ	151〜153
シミュレーション	173、174、178、183、187

重回帰分析	52、54、84、155、156、158
囚人のジレンマ	185、188、192
受注生産	75〜77
商圏	50〜54、64、153
条件付確率	72、73
商品差別化戦略	180
商品認知	57、60
商品ライフサイクル理論	56
常用対数	104
処分ロス	96
数量化	156
数列	166、169
正規化	33
正規分布	91、92、94、95、98、100、101
生産財	76
生産戦略	75、76、85、95、103
成長ベクトル	139
正の相関	80、82
接線	25、55、134
絶対値	82、83、158、199
ゼロサムゲーム	189
世論調査	19
線型	67
線型近似	67
相関なし	79、80、83
相関分析	78、83、84
損益分岐点	129、130

た

対数関数	105、106
対数曲線	106、125
対数近似	125、126
大陸戦	181
ディスカウント・キャッシュフロー	167
ディスカウントレート	168
定性データ	155、156
定量データ	156
デシベル	105
テストマーケティング	41
デフレ	192
デルタ	130
店舗開発	42
統計アプローチ	11、17、19、21、42、69、75、77、78、118、132、151、181
到着人数	143、144、148、149
度数	86、87、115
トップシェア現象	61

な

ニッチャー戦略	181
人月	77、83〜85
能力主義	29

は

パイ顕在率	152、153
バイヤー	108、110、177
背理法	111
ハフモデル	64
パラメータ	49
バリューチェーン	118、189
パワーゲーム	189
ピアソンの積率相関係数	79
ピカ新	32、59、61
ヒストグラム	86、87、91、92、98
微積アプローチ	11、17、29、54、69、76、85、95、127、130、159、189
百三つ商品開発	32、35、36、38〜40、42、57、61
負の相関	82
フランチャイズ	42、43
ブランドスイッチ率	173
プロット図	44〜46、51、121、124〜126
平滑線	194
ベイズの定理	71、73〜75
ベイズフィルター	75

索引

平方根	20、65
ポジショニンググラフ	138、139
母集団	19、112

ま

マーケット開発	57〜60
マキシマックス戦略	198、200
マキシミニ戦略	198、200
マグニチュード	105
マルコフチェーン	173、176〜178、180
マルコフ連鎖	173
見える化	131
見込客	57、60
見込生産	76、85
ミニマックス・リグレット戦略	199、200
無限等比級数	169
目標原価	77

や

有意差	114

予測株価	168、170

ら

ランチェスター	181
リーダー戦略	181
リグレット表	199
リスクアプローチ	12、197
リピート率	172、173、176
理論株価	168、170
ロイヤルカスタマー	176
ロイヤルティ	176
ロイヤルティマーケティング	176
老化現象	32
ログ・ナチュラル	106

わ

割引率	168〜170

サイエンス・アイ新書 発刊のことば

「科学の世紀」の羅針盤

　20世紀に生まれた広域ネットワークとコンピュータサイエンスによって、科学技術は目を見張るほど発展し、高度情報化社会が訪れました。いまや科学は私たちの暮らしに身近なものとなり、それなくしては成り立たないほど強い影響力を持っているといえるでしょう。

　『サイエンス・アイ新書』は、この「科学の世紀」と呼ぶにふさわしい21世紀の羅針盤を目指して創刊しました。情報通信と科学分野における革新的な発明や発見を誰にでも理解できるように、基本の原理や仕組みのところから図解を交えてわかりやすく解説します。科学技術に関心のある高校生や大学生、社会人にとって、サイエンス・アイ新書は科学的な視点で物事をとらえる機会になるだけでなく、論理的な思考法を学ぶ機会にもなることでしょう。もちろん、宇宙の歴史から生物の遺伝子の働きまで、複雑な自然科学の謎も単純な法則で明快に理解できるようになります。

　一般教養を高めることはもちろん、科学の世界へ飛び立つためのガイドとしてサイエンス・アイ新書シリーズを役立てていただければ、それに勝る喜びはありません。21世紀を賢く生きるための科学の力をサイエンス・アイ新書で培っていただけると信じています。

2006年10月

※サイエンス・アイ (Science i) は、21世紀の科学を支える情報 (Information)、
　知識 (Intelligence)、革新 (Innovation) を表現する「 i 」からネーミングされています。

SB Creative

サイエンス・アイ新書
SIS-375

http://sciencei.sbcr.jp/

予測の技術
微分・積分と確率・統計でビジネスの未来を読む

2017年3月25日　初版第1刷発行

著　者　内山 力
発行者　小川 淳
発行所　SBクリエイティブ株式会社
　　　　〒106-0032　東京都港区六本木2-4-5
　　　　電話：03-5549-1201（営業部）
装丁・組版　クニメディア株式会社
印刷・製本　株式会社シナノ パブリッシング プレス

乱丁・落丁本が万が一ございましたら、小社営業部まで着払いにてご送付ください。送料小社負担にてお取り替えいたします。本書の内容の一部あるいは全部を無断で複写（コピー）することは、かたくお断りいたします。本書の内容に関するご質問等は、小社科学書籍編集部まで必ず書面にてご連絡いただきますようお願いいたします。

©内山 力　2017　Printed in Japan　ISBN 978-4-7973-8900-5

SB Creative